Heinzjörg Müller

Zwangsvollstreckung gegen Ehegatten

Zwangsvollstreckung gegen Ehegatten

von

DR. JUR. HEINZJÖRG MÜLLER

Saarbrücken

1970

J. Schweitzer Verlag Berlin

Archiv-Nr. 0134 701
Satz: Studio Feldafing – Druck: Walter de Gruyter & Co., Berlin

INHALTSVERZEICHNIS

ZWEITER HAUPTTEIL
Der Konkurs

LITERATURVERZEICHNIS

Alebrand	Die Bildung von Gesamtgut der Ehegatten am Hausrat gem. § 1353 I BGB, FamRZ 1955, 348
Arnold	Angewandte Gleichberechtigung im Familienrecht, Ein Kommentar zur Rechtssituation seit dem 1. April 1953 Berlin u. Frankfurt 1954 zit.: Angewandte Gleichberechtigung
Bähr	Die maßgebliche Rechts- und Sachlage für die gerichtliche Beurteilung von Verwaltungsakten, 1967
Baumbach-Lauterbach	Zivilprozeßordnung mit Gerichtsverfassungsgesetz und anderen Nebengesetzen, 29. Aufl. München und Berlin 1966
Baur	Lehrbuch des Sachenrechts, 3. Aufl. München und Berlin 1966
ders.	Fälle und Lösungen zum Zwangsvollstreckungs-Konkurs- und Vergleichsrecht, 2. Aufl. 1969
ders.	Zwangsvollstreckungs- und konkursrechtliche Fragen zum Gleichberechtigungsgesetz, FamRZ 1958, 252
ders.	Anm. zu LG Tübingen (Urt. v. 15.7.1964 – 1 S 56/63), JZ 1965, 108 f.
Beitzke	Familienrecht, Ein Studienbuch, 13. Aufl. München und Berlin 1966
ders.	Zur Zwangsvollstreckung gegen Ehegatten bei Gütertrennung, ZZP Bd. 68 (1955), S. 241
Boennecke	Zur Problematik des § 739 ZPO und des § 1362 BGB in der Fassung des Gleichberechtigungsgesetzes, NJW 1959, 1260
Berges	Das eheliche Güterrecht, KTS 1958, 65
Bleyer	Die Konkursordnung für das Deutsche Reich, Handausgabe mit Erläuterungen, 3. Aufl. 1928
Blomeyer	Zivilprozeßrecht, Berlin, Göttingen, Heidelberg 1963
Böhle-Stamschräder	Konkursordnung, 8. Aufl. München und Berlin 1966
Bosch	Die Situation im Ehe- und Familienrecht, Rpfleger 1954, 1 u. 48
ders.	Bemerkungen zum „Gleichberechtigungsgesetz“ (GlbG), FamRZ 1957, 189
ders.	Freiheit und Bindung im neuen deutschen Familienrecht, FamRZ 1956, 81
ders.	Anm. zu BVerfG (Beschl. v. 10.6.63 – 1 BvR 345/61), FamRZ 1963, 421
ders.	Anm. zu BVerfG (Beschl. v. 24.7.68 – 1 BvR 394/67), FamRZ 1968, 439
Breetzke	Zur Gleichberechtigung der Geschlechter bei Zwangsvollstreckung gegen Eheleute, NJW 1953, 734

Brox	Die Vinkulierung des Vermögens im ganzen sowie der Haushaltsgegenstände und ihre Auswirkungen im Zivilprozeß, FamRZ 1961, 281
ders.	Die Folgen der Nichtigkeit des § 45 KO, FamRZ 1968, 406
Brühl	Familie und Mietwohnung Das rechtliche Verhältnis der Wohnungsinhaber zum Vermieter, FamRZ 1954, 210
Buchholz	Die zivilrechtliche Bedeutung des Kraftfahrzeugbriefes, Rpfleger 1955, 57
Creifelds	Die Gleichberechtigung der Frau im deutschen Recht, Ein gesetzgeberisches Problem der Gegenwart, JR 1950, 449
Dölle	Familienrecht, Darstellung des deutschen Familienrechts mit rechtsvergleichenden Hinweisen, Band I, Karlsruhe 1964
ders.	Die Gleichberechtigung von Mann und Frau im Familienrecht Eine rechtspolitische Skizze auf rechtsvergleichender Grundlage Festgabe für Erich Kaufmann, 1950, 19
ders.	Die Gleichberechtigung von Mann und Frau im Familienrecht, JZ 1953, 353
Eisser	Die Wirkungen der Ehe und das gesetzliche eheliche Güterrecht nach dem Gleichberechtigungsgesetz, Die Justiz (Amtsbl. des Justizministeriums Baden-Württemberg), 1958, 72
Engisch	Einführung in das juristische Denken, 3. Aufl. Stuttgart 1964
Enneccerus-Lehmann	Recht der Schuldverhältnisse, 15. Bearbeitung Tübingen 1958, zit.: Enneccerus-Lehmann
Erman	Handkommentar zum Bürgerlichen Gesetzbuch, 4. Aufl. Münster 1967 zit.: Erman-Bearbeiter
Esser	Wert und Bedeutung der Rechtsfiktionen, Frankfurt 1940
ders.	Interpretation und Rechtsneubildung im Familienrecht, JZ 1953, 521
Finke	Probleme des Familienrechts nach dem Inkrafttreten des Grundsatzes der Gleichberechtigung am 1.4.1953, BB 1953, 271
ders.	Erläuterungen zum Gleichberechtigungsgesetz, MDR 1957, 449
Firsching	Der gesetzliche Güterstand NJW 1955, 1172
Gernhuber	Lehrbuch des Familienrechts, München und Berlin 1964

Haegele	Die Rechtsverhältnisse von Eheleuten zueinander und zu dritten Personen aufgrund des Gleichberechtigungsgesetzes, Die Justiz 1958, 121 u. 140
Hahn	Die gesamten Materialien zu den Reichs-Justizgesetzen
Hanke	Die Zwangsvollstreckung gegen Eheleute als Gesamtschuldner, DGVZ 1962, 136
Hartung	Verfügungsbeschränkung bei ehelichem Hausrat. Zur Auslegung der §§ 1365–1369 BGB, Diss. 1962
Hoche	Zwangsvollstreckungsrecht, 3. Aufl. Darmstadt 1963
Jaeger	Konkursordnung mit Einführungsgesetzen, 3./4. Aufl. Berlin 1913
ders.	Konkursordnung mit Einführungsgesetzen, 8. Aufl. Bd. I bearbeitet von Friedrich Lent, Berlin 1958 zit.: Jaeger-Lent
Kabisch	Die Mobiliarvollstreckung gegen einen mit einem Dritten in Wohngemeinschaft lebenden Schuldner, DGVZ 1963, 17
ders.	Analoge Anwendung des § 739 ZPO auf eheähnliches Verhältnis? , Anm. zu AG Berlin-Neukölln, (Beschl. v. 10.6.1964 – 3 O M 1352/64), DGVZ 1966, 25
Kemper	Die Verwaltungsbeschränkungen der Ehegatten im gesetzlichen Güterstand der Zugewinngemeinschaft (§§ 1365–1369 BGB n.F.), Bonner Diss. 1961
Kipp-Wolff	Das Familienrecht, Band IV des von Enneccerus begründeten Lehrbuchs des Bürgerlichen Rechts, 6. Aufl. Marburg 1928 zit.: Kipp-Wolff
Kohler	Leitfaden des Deutschen Konkursrechts, 2. Aufl. Stuttgart 1903
Kremer	Der Besitz der Ehegatten an der ehelichen Wohnung und an den gemeinsam benutzten Hausratsgegenständen, FamRZ 1954, 186
ders.	Besitz und Besitzberechtigung der Ehegatten an Hausrat und Ehewohnung – Zur Gleichberechtigung von Mann und Frau, Diss. Bonn 1956 (maschinenschriftl.)
Krüger-Breetzke-Nowack	Gleichberechtigungsgesetz, München und Berlin 1958 zit.: . . . (Bearbeiter)
Kubisch	Anm. zu OLG Köln, (Urtl. v. 2.12.1957 – 2 W 246/57), NJW 1958, 873
Lange	Die Stellung des überlebenden Ehegatten bei der Zugewinngemeinschaft, NJW 1957, 1381
Larenz	Methodenlehre der Rechtswissenschaft, Berlin, Göttingen, Heidelberg 1960

Lauhoff	Die Verfügungsbeschränkungen der Ehegatten in der Zugewinngemeinschaft gem. §§ 1365–1369 BGB, Diss. Münster 1962
Lehmann-Henrich	Deutsches Familienrecht von Heinrich Lehmann, 4. Auflage von Dieter Henrich, Berlin 1967
Leipold	Beweislastregeln und gesetzliche Vermutungen, insbesondere bei Verweisungen zwischen verschiedenen Rechtsgebieten, Berlin 1966
Lent	Das Urteil auf Duldung der Zwangsvollstreckung, ZZP 70, 401
Lent-Jauernig	Zwangsvollstreckungs- und Konkursrecht, Ein Studienbuch, 10. Aufl. 1966 u. 11. Aufl. München und Berlin 1969
Lorenz	Die Verfügungsbeschränkungen im Rahmen der Zugewinngemeinschaft, JZ 1959, 105
Lüke	Über die Beweislast im Zivil- und Verwaltungsprozeß, JZ 1966, 587
ders.	Pfändungsschutz und Arglisteinwand, NJW 1954, 1316
ders.	Zur Rechtsstellung des Drittschuldners bei der Forderungsübertragung durch Hoheitsakt, JuS 1962, 418
Lupprian	Die Zulässigkeit der Duldungsklage gegen den Ehemann bei Gütertrennung, ZZP Bd. 62 (1941), 332
Massfeller-Reinicke	Das Gleichberechtigungsgesetz mit Erläuterungen, Köln, Berlin 1958
Massfeller	Die Stellung der Ehefrau im Rechtsverkehr seit dem 1. April 1953, Teil I: Betr. 1953, 268 Teil II: Betr. 1953, 289
ders.	Das Güterrecht des Gleichberechtigungsgesetzes, Teil IV: Güterrecht und Zwangsvollstreckung, Betr. 1957, 1145
ders.	Das Gleichberechtigungsgesetz mit Ausnahme des ehelichen Güterrechts, DNotZ 1957, 342
Menz	Das Aussonderungsrecht des einen Ehegatten im Konkurs des anderen, Diss. Tübingen 1961
Mentzel	Kommentar zur Konkursordnung, 5. Aufl.
Mentzel-Kuhn	Kommentar zur Konkursordnung von Franz Mentzel, 7. Aufl. von Georg Kuhn 1962
Merkert	Ein oder zwei Titel für die Zwangsräumung einer ehelichen Wohnung? , JR 1966, 379
Mitteis	Die Anpassung des Familienrechts an das Bonner Grundgesetz, SJZ 1950, Sp. 241

Mugdan	Die gesamten Materialien zum BGB, 5 Bde. 1899 zit.: Mugdan Bd.
Müller, Arthur	Die gesetzliche Benachteiligung der Ehefrau, NJW 1947/48, 41
ders.	Der Ehegatte im Konkurs- und Anfechtungsrecht, NJW 1961, 1442
Müller, Horst	Die Zugriffsmöglichkeiten des Konkursverwalters nach § 45 KO, (KTS), 1965, 10
ders.	Anm. zu LG Köln (Beschl. v. 22.2.65 – 11 T 11/65), KTS 1965, 180
Müller, Willi	Auswirkungen des Getrenntlebens, JR 1963, 366
Mümmler	Anm. zu LG Nürnberg-Fürth (Beschl. v. 26.11.62 – 8 T 8/62), DGVZ 1963, 101
Noack	Vollstreckung gegen Eheleute, DGVZ 1956, 49
ders.	Pfändung gegen Ehegatten nach dem Gleichberechtigungsgesetz, DGVZ 1960, 56
ders.	Die Herausgabevollstreckung gegen Ehegatten nach dem Gleichberechtigungsgesetz (§§ 883, 884, 885 ZPO), DGVZ 1960, 65
ders.	Der Räumungsvergleich als Vollstreckungstitel, DGVZ 1962, 101
ders.	Die Zwangsvollstreckung gegen den Kaufmann, DGVZ 1963, 97
ders.	Die Pfändungsvollstreckung gegen Ehegatten und der Schutz des § 811 Nr. 4 u. 5 ZPO für den Ehegatten des Schuldners, der eine Landwirtschaft oder ein Gewerbe betreibt, MDR 1966, 809 = DGVZ 1966, 129
ders.	Die Auswirkungen des Gleichberechtigungsgesetzes auf die Räumungsvollstreckung gegen Ehegatten, WM 1967, 91
Pagenstecher-Grimm	Der Konkurs, 4. Aufl. München 1968
Palandt	Das Bürgerliche Gesetzbuch, 16. Aufl. München und Berlin 1957 zit.: Palandt-Bearb. Aufl. Jahr
ders.	Bürgerliches Gesetzbuch, 27. Aufl. München und Berlin 1968 zit.: Palandt-Bearbeiter
Pohle	Zur Vollstreckung bei Allein- oder Mitgewahrsam des Ehegatten des Schuldners, MDR 1955, 705; 1955, 1
ders.	Zur Zwangsvollstreckung gegen Ehegatten bei Gütertrennung, ZZP 68, 260
Reinicke	Eheliches Güterrecht und Gleichberechtigung, NJW 1953, 681

ders.	Anm. zu LG Ansbach (Beschl. v. 25.10.1954 – 1 T 168/54), NJW 1955, 228
ders.	Das Gleichberechtigungsgesetz (II), NJW 1957, 934
ders.	Zwangsvollstreckung gegen Ehegatten, Teil I: Betr. 1965, 961 Teil II: Betr. 1965, 1001
RGRK	Das Bürgerliche Gesetzbuch mit besonderer Berücksichtigung der Rechtsprechung des Reichsgerichts und des Bundesgerichtshofs, Kommentar herausgegeben von Reichsgerichtsräten und Bundesrichtern IV. Band 1. Teil (§§ 1297–1589) 10./11. Aufl. Berlin 1960 zit.: RGRK (Bearbeiter)
Rheinspitz	Anm. zu LG Mannheim (Beschl. v. 22.1.1962 – 5 T 179/61), NJW 1962, 1402
Roquette	Das Mietrecht des Bürgerlichen Gesetzbuches, Tübingen 1966
Rosenberg	Lehrbuch des deutschen Zivilprozeßrechts, 9. Aufl. München und Berlin 1961
ders.	Die Beweislast, 5. Aufl. München und Berlin 1965
Säcker	Zum Streitgegenstand der Vollstreckungserinnerung, NJW 1966, 2345
Schmidt-Futterer	Genügt ein gegen den Mieter gerichteter Räumungstitel auch zur Zwangsvollstreckung gegen die übrigen Wohnungsbenutzer?, MDR 1962, 700
Schönke	Zwangsvollstreckungsrecht, 2. und 3. Aufl. Karlsruhe 1946
Schönke-Baur	Zwangsvollstreckungs-, Konkurs- und Vergleichsrecht, 7. Aufl. Karlsruhe 1963 und 8. Aufl. Karlsruhe 1969
Schulin	Das Gleichberechtigungsgesetz und der Prozeßrichter, DRiZ 1959, 76
Schumacher	Darf der Gerichtsvollzieher aus einem gegen einen Mieter-Ehemann ergangenen Räumungsurteil auch gegen dessen Ehefrau vollstrecken?, DGVZ 1963, 150
Sieberg	Beweislastfragen beim Aussonderungsrecht der Ehefrau, JW 1913, 1087
Soergel-Siebert	Bürgerliches Gesetzbuch, Mit Einführungsgesetz und Nebengesetzen, begründet von Th. Soergel, neuherausgegeben von W. Siebert, 9. Aufl. 1959–1963 IV. Bd. Familienrecht (§§ 1297–1921) Stand: Frühjahr 1963 zit.: Soergel-Siebert-Bearbeiter

Staudinger	J.v. Staudingers Kommentar zum Bürgerlichen Gesetzbuch mit Einführungsgesetz und Nebengesetzen, IV. Bd. Familienrecht I. Teil (§§ 1297–1588), 7./8. Aufl. München, Berlin und Leipzig 1913, zit.: Staudinger-Bearbeiter, Aufl.
ders.	J.v. Staudingers Kommentar zum Bürgerlichen Gesetzbuch mit Einführungsgesetz und Nebengesetzen, Bd. IV Familienrecht Teil 1, Lieferung 1 und Teil 2, Lieferung 1, 10./11. Aufl. Berlin 1965 zit.: Staudinger-Bearbeiter
Stein-Jonas-Schönke-Pohle	Kommentar zur Zivilprozeßordnung, Zweiter Band, 17. Aufl. mit Ergänzungslieferungen 7–13 (Stand der 18. Aufl.), Tübingen 1956
Thomas-Putzo	Zivilprozeßordnung, mit Gerichtsverfassungsgesetz und den Einführungsgesetzen, 3. Aufl. München 1968
Weber	Die Zwangsvollstreckung in Mobilien nach dem Gleichberechtigungsgesetz, Rpfleger 1959, 179
Weirich	Notarielle Unterwerfungsklauseln bei Ehegatten, NJW 1959, 1478
Westermann	Lehrbuch des Sachenrechts, 3. Aufl. Karlsruhe 1956 zit.: Westermann, Aufl., Jahr
ders.	Sachenrecht, 5. Aufl. Karlsruhe 1966
Wohlfarth	Findet § 45 KO auch auf die geschiedene Ehefrau Anwendung?, LZ 1933 Sp. 1068
Wolff	Die Konkursordnung, Kommentar, Berlin und Leipzig 1921
Ziege	Zur Auslegung des § 1369 BGB n.F., NJW 1957, 1579
Zöller	Zivilprozeßordnung mit Gerichtsverfassungsgesetz und Nebengesetzen, Kommentar, begr. von Richard Zöller, bearbeitet von Degenhart, Karch, Scherübl, Stephan, 10. Aufl. München 1968 zit.: Zöller-Bearbeiter

Den verwendeten Abkürzungen liegt das Abkürzungsverzeichnis der Zeitschrift „Juristische Schulung", 7. Jahrgang 1967, S. XXXI ff., zugrunde.

§ 1 Einleitung

I. Gegenstand der Untersuchung

Die rechtliche Gestaltung der ehelichen Lebensgemeinschaft hängt wesentlich von der Frage ab, welche Rolle dem Ehemann und der Ehefrau in dieser Gemeinschaft zukommen soll. Sie ist entscheidend für die Regelung der persönlichen Ehewirkungen und für das System des ehelichen Güterrechts; beides zusammen beeinflußt die Formen, in denen die Zwangsvollstreckung gegen einen verheirateten Schuldner zu erfolgen hat.

Mit Ablauf des 31.3.1953 ist nach Art. 117 I GG das dem in Art. 3 II GG enthaltenen Verfassungssatz der Gleichberechtigung von Männern und Frauen entgegenstehende Recht außer Kraft gesetzt worden. Am 1.7.1958 ist das Gleichberechtigungsgesetz in Kraft getreten*. Dadurch haben neben anderem vor allem die Regelung der persönlichen Ehewirkungen und das eheliche Güterrecht wesentliche Änderungen erfahren. Die grundlegende Umgestaltung im materiellen Eherecht mußte zwangsläufig zu entsprechenden Änderungen bei der Zwangsvollstreckung gegen Ehegatten führen. Diese Änderungen sind Gegenstand der folgenden Untersuchung. Es gilt dabei zu fragen, inwieweit sich für den Gläubiger bei der Zwangsvollstreckung gegen einen verheirateten Schuldner Besonderheiten ergeben. Soweit solche Besonderheiten bestehen, ist zu klären, ob gesetzliche Sonderregelungen vorhanden sind, die dem Rechnung tragen. Soweit Sonderregelungen zur Verfügung stehen, ist zu prüfen, ob sie sachgerecht sind. Das ist dann zu bejahen, wenn sie den Interessen des Gläubigers hinreichenden Schutz bieten, ohne andererseits schutzwürdige Interessen des Ehegatten des Schuldners zu beeinträchtigen. Soweit Sonderregelungen fehlen, ist klarzustellen, welche Lösung sich auf der Grundlage der allgemeinen Vorschriften als sachgerecht erweist.

II. Umfang der Untersuchung

Die Untersuchung kann nicht alle Probleme behandeln, die im Zusammenhang mit der Zwangsvollstreckung gegen einen Ehegatten auftreten können; sie beschränkt sich im wesentlichen darauf, diejenigen vollstreckungsrechtlichen Regelungen zu erörtern, die grundsätzlich unabhängig von dem jeweiligen Güterstand gelten, in dem die Ehegatten leben. Das sind bei der

---

* Gesetz über die Gleichberechtigung von Mann und Frau auf dem Gebiete des bürgerlichen Rechts (Gleichberechtigungsgesetz) vom 18.6.1957 (BGBl. I 609).

Einzelzwangsvollstreckung vor allem die Zwangsvollstreckung in bewegliche Sachen wegen Geldforderungen, die Zwangsvollstreckung zur Erwirkung der Herausgabe von beweglichen Sachen und die Räumungszwangsvollstreckung in die eheliche Mietwohnung. Im konkursrechtlichen Teil wird vorwiegend die aussonderungsrechtliche Regelung untersucht. Darüberhinaus werden bei der Einzelzwangsvollstreckung noch die vollstreckungsrechtlichen Auswirkungen der für den gesetzlichen Güterstand geltenden Verpflichtungs- und Verfügungsbeschränkungen und im konkursrechtlichen Teil die Besonderheiten, die sich beim Güterstand der Gütergemeinschaft ergeben können, in die Untersuchung einbezogen.

ERSTER HAUPTTEIL
DIE EINZELZWANGSVOLLSTRECKUNG

§ 2 Die Zwangsvollstreckung in das bewegliche Vermögen wegen Geldforderungen

A. Die Sonderregelung des § 1362 BGB

I. Die Notwendigkeit einer Sonderregelung

Gegenstand der Zwangsvollstreckung in das bewegliche Vermögen wegen Geldforderungen können nur solche bewegliche Sachen sein, die dem Schuldner gehören. Dennoch knüpft das Gesetz in § 808 ZPO für die Zulässigkeit der von dem Gerichtsvollzieher vorzunehmenden Pfändung nicht an das Eigentum, sondern an den Gewahrsam des Schuldners an. Der Gerichtsvollzieher hat grundsätzlich alle im Gewahrsam des Schuldners befindlichen Sachen als der Pfändung unterliegend zu betrachten; er hat lediglich die tatsächliche Zugehörigkeit der Sachen zu dem Herrschaftsbereich des Schuldners zu prüfen[1].

Die gesetzliche Regelung hat ihren Grund einmal darin, daß das Vollstreckungsorgan mit der Prüfung der Eigentumsverhältnisse überfordert wäre; zum anderen liegt ihr – genauso wie der Vorschrift des § 1006 BGB – die der Lebenserfahrung entnommene Vermutung zugrunde, daß der Gewahrsamsinhaber in aller Regel auch der Eigentümer ist[2]. Notwendige Folge der Regelung ist, daß ein Dritter, der geltend macht, die gepfändeten Sachen gehörten ihm, die Pfändung nicht abwenden kann; er muß der Zwangsvollstreckung im Wege der Drittwiderspruchsklage nach § 771 ZPO widersprechen. Dabei liegt es an ihm, sein Eigentum an den gepfändeten Sachen nachzuweisen. Kann nicht geklärt werden, wem die Sachen gehören, dann geht das zu seinen Lasten; die Klage ist unbegründet. Andererseits hat die Drittwiderspruchsklage auch dann Erfolg, wenn die gepfändeten Sachen im Miteigentum des Schuldners und des Dritten stehen, weil der Gläubiger in diesem Fall nicht auf die Sache als solche zugreifen, sondern allein den Anteil des Miteigentümers nach § 857 ZPO pfänden kann.

Diese für den Normalfall den Interessen der Gläubiger vollauf Rechnung tragende Regelung könnte, sofern keine Sondervorschriften bestünden, bei

---

1 Auf die von diesem Grundsatz geltenden Ausnahmen wird an anderer Stelle noch näher eingegangen; vgl. § 2 B V 2

2 Vgl. Schönke-Baur § 23 II S. 105; Baur Sachenrecht § 7 B II 1 c bb S. 47 f.; Pohle ZZP 68, 260 ff. (272 ff. sub III).

der Zwangsvollstreckung gegen einen verheirateten Schuldner zu Schwierigkeiten führen. In der ehelichen Lebensgemeinschaft lassen der gemeinsame Gebrauch und die gemeinsame Nutzung des beiderseitigen Vermögens eine Vermögenstrennung nicht immer erkennbar werden, auch dann nicht, wenn der Gesetzgeber, wie das vor allem auch für den geltenden gesetzlichen Güterstand der Zugewinngemeinschaft zutrifft, eine solche Vermögenstrennung klar durchgeführt hat. Im Verlauf des ehelichen Lebens tritt, oft unvermerkt und unmerklich, eine tatsächliche Vermischung gerade der beweglichen Vermögensgegenstände von Mann und Frau ein; Hin- und Hergeben, Austausch und veränderte Anlage machen es oft schwierig oder gar unmöglich, die Zugehörigkeit der Gegenstände zu dem Vermögen oder auch nur zum Besitz des Mannes oder der Frau eindeutig zu bestimmen[3]. Diese Unklarheiten in der rechtlichen Zuordnung der Vermögensgegenstände und die sie wesentlich bedingende Unüberschaubarkeit der Besitzverhältnisse würden die Gläubiger eines Ehegatten, wenn ihnen nur die allgemeinen Vorschriften zur Verfügung ständen, in ihren Vollstreckungsmöglichkeiten erheblich beeinträchtigen; vor allem die Bestimmung des § 1006 BGB würde sich in diesem Zusammenhang nachteilig für die Gläubiger auswirken. Nach § 1006 I 1 BGB wird zugunsten des Besitzers einer beweglichen Sache vermutet, daß er auch ihr Eigentümer ist. Da aber im räumlichen Bereich der Ehe der Ehegatte, der nicht Schuldner ist, häufig Besitz, in aller Regel aber wenigstens Mitbesitz an den beweglichen Sachen des Schuldners hat, würde vermutet, daß der nicht schuldende Ehegatte Eigentümer oder wenigstens Miteigentümer der Sachen wäre. Damit aber wäre die vom Gesetz gewollte Regelung der Zwangsvollstreckung in das bewegliche Vermögen bei der Zwangsvollstreckung gegen einen verheirateten Schuldner in ihr Gegenteil verkehrt. Nicht der Ehegatte des Schuldners müßte im Interventionsprozeß beweisen, daß er Eigentümer der gepfändeten Sachen ist; dieser Beweis würde ihm durch die Vermutung des § 1006 BGB weitgehend abgenommen. Der Gläubiger müßte vielmehr den Gegenbeweis führen; er müßte nachweisen, daß die Sachen entgegen der Vermutung des § 1006 BGB ausschließlich Eigentum seines Schuldners sind. Diesen Nachweis aber könnte er in vielen Fällen nicht erbringen, weil ihm der dazu erforderliche Einblick in die internen Verhältnisse der Ehegatten fehlt. Die Folge wäre, daß die Zwangsvollstreckung in vielen Fällen scheitern müßte[4].

3 So bereits die Motive; vgl. bei Hahn, S. 176; Dölle § 44 II S. 686; Erman-Bartholomeyczik § 1362 Bem. 1.

4 Über dieses Ergebnis und seine Unangemessenheit herrscht weitgehend Einhelligkeit; vgl. Dölle aaO.; Erman-Bartholomeyczik aaO.; Gernhuber § 22 II 1, S. 192 f.; Baur § 7 D II 1 c, S. 61; Reinicke Betr. 1965, 961 ff. (961 sub A 1).

II. Die Vorläufer der geltenden Regelung

1. Der Gedanke, bei dieser Sachlage den schutzwürdigen Interessen der Gläubiger mit einer speziellen, auf die besondere Wirklichkeit der ehelichen Lebensgemeinschaft zugeschnittenen Eigentumsvermutung Rechnung zu tragen, ist alt. Im römischen Recht galt die sog. praesumtio Muciana. Es wurde vermutet, daß das, was die Frau besitzt, ihr von ihrem Ehemann geschenkt sei; da aber Schenkungen unter Ehegatten nichtig waren, ergab sich daraus eine Vermutung für das Eigentum des Mannes an den im Besitz der Frau befindlichen Sachen[5]. Diese Vermutung ist im wesentlichen gemeines Recht geworden[6]. Die deutschen Partikularrechte gestatteten zwar meistens Schenkungen unter Ehegatten; die Vermutung für das Eigentum des Mannes an den von einem der beiden Ehegatten besessenen Sachen haben sie gleichwohl übernommen[7].

2. Das Bürgerliche Gesetzbuch folgte den Partikularrechten, brachte aber eine wesentliche Veränderung: § 1362 BGB a.F. stellte zwei Vermutungen auf, eine für das Eigentum des Mannes und eine für das der Frau. Nach § 1362 I BGB a.F. wurde zugunsten der Gläubiger des Mannes vermutet, daß die im Besitz eines der Ehegatten oder beider Ehegatten befindlichen beweglichen Sachen dem Mann gehörten; andererseits galt nach § 1362 II BGB a.F. für die ausschließlich zum persönlichen Gebrauch der Frau bestimmten Sachen im Verhältnis der Ehegatten zueinander und zu den Gläubigern die Vermutung, daß die Sachen der Frau gehörten. Die Eigentumsvermutungen waren zwingendes Recht und galten, obwohl sie wesentlich auf den gesetzlichen Güterstand der ehemännlichen Verwaltung und Nutznießung sowie auf den Güterstand der Gütertrennung zugeschnitten waren, grundsätzlich für alle Güterstände, bei den Gütergemeinschaften mit der ohne weiteres einleuchtenden Ausnahme, daß hier zunächst eine Vermutung für die Zugehörigkeit der Vermögensgegenstände zum Gesamtgut sprach und erst nach deren Widerlegung die Vermutung des § 1362 BGB a.F. wirken konnte[8].

3. Mit dem Ablauf des 31.3.1953 trat der bisherige gesetzliche Güterstand der ehemännlichen Verwaltung und Nutznießung am eingebrachten Gut der Frau außer Kraft; an seiner Stelle wurde nach h.M. am 1.4.1953 der Güterstand der Gütertrennung gesetzlicher Güterstand[9]. Nach fast einhelliger Meinung in Literatur und Rechtsprechung war aber auch § 1362 BGB a.F. mit dem

---

5 Vgl. D. 24, 1, 51

6 Vgl. Mugdan IV, S. 70 ff.

7 Vgl. Kipp-Wolff § 44, S. 171 mit Hinweisen auf ALR § 544 II 1, Sächs. BG § 1656 u. Ude, Die praesumtio Muciana Diss. Tübingen 1901; Staudinger-Engelmann § 1362 Anm. 1 mit weiteren Nachw.

8 Hierüber bestand Einhelligkeit; vgl. statt aller Kipp-Wolff § 44 I 6, S. 174; Staudinger-Engelmann § 1362 Anm. 5

9 Vgl. statt aller Staudinger-Felgentraeger Einleitung zu §§ 1363 ff. Rdnrn. 20 ff.

Grundsatz der Gleichberechtigung nicht vereinbar[10]. Dabei ging die h.M. davon aus, daß § 1362 BGB a.F. nicht ersatzlos entfalle; die grundsätzlich unentbehrliche Gläubigerschutzbestimmung müsse vielmehr nur, der neuen Situation einer gleichberechtigten Ehe entsprechend, als eine gegen beide Ehegatten wirkende Vermutung angewendet werden[11]. Die Frage, ob § 1362 I 1 BGB mit diesem neuen Inhalt auch dann uneingeschränkt gelten könne, wenn die Ehegatten getrennt leben, ließ der BGH unter Hinweis auf das Fehlen einer derartigen Beschränkung nach dem alten, vor dem 1.4.1953 geltenden Recht offen[12]. In der Literatur wurde die Frage überwiegend negativ beantwortet[13].

Eine Mindermeinung wandte sich entschieden gegen eine Aufrechterhaltung der Vorschrift des § 1362 BGB a.F. in der von der h.M. befürworteten neuen Form; de lege ferenda sprach sie sich dafür aus, die Bestimmung entweder ersatzlos zu streichen oder aber auf eine dem § 1362 II BGB a.F. entsprechende Regelung für die ausschließlich zum persönlichen Gebrauch des Mannes oder der Frau bestimmten Sachen zu beschränken. Gegen eine Erweiterung der Vermutung des § 1362 I BGB a.F. i.S. einer paritätischen Behandlung beider Ehegatten wurde im wesentlichen übereinstimmend geltend gemacht, eine solche, durch die tatsächlichen Verhältnisse nicht gerechtfertigte doppelte Gläubigerbegünstigung führe zu einer effektiven Kollektivhaftung der Ehegatten; sie widerspreche damit den Tendenzen der Zeit, jedem Ehegatten durch ein entsprechendes güterrechtliches System eine individuellere Vermögensverwaltung zu ermöglichen[14].

---

10 A.A. LG Limburg (Lahn) FamRZ 1955, 301 f. Es vertrat die Auffassung, daß § 1362 BGB a.F. auch nach dem 31.3.1953 unverändert fortgelte. Die ungleiche Behandlung von Mann und Frau sei dadurch gerechtfertigt, daß nach wie vor im Regelfall der Ehemann im Erwerbsleben stehe, während die Frau sich Haushalt und Kindern widme.

11 So vor allem BGH NJW 1955, 20 = Betr. 1954, 1045 = FamRZ 1955, 42 = LM § 1362 Nr. 2; ebenso AG Siegburg FamRZ 1955, 104; Arnold, Angewandte Gleichberechtigung § 1362 Anm. 2, S. 41; ders. MDR 1953, 328; Creifelds JR 1950, 449 ff. (452 sub II 1 e); Beitzke ZZP 68, 241 ff. (243 f. sub I); Finke MDR 1957, 449 ff. (454 sub II); Lent ZZP 70, 401 ff. (404 sub II 2); Massfeller Betr. 1953, 289 ff. (290 sub 8 d ee); ders. DNotZ 1957, 342 ff. (353 f. sub II S); Reinicke NJW 1953, 681 ff. (685 sub VI 2); ders. NJW 1957, 943 ff. (936 sub II 1).

12 Vgl. aaO. Für das alte Recht herrschte Übereinstimmung darüber, daß das Bestehen häuslicher Gemeinschaft zwischen den Ehegatten keine Voraussetzung für die Anwendbarkeit des § 1362 I 1 BGB sei; vgl. statt aller Kipp-Wolff § 44 I 2, S. 172; Staudinger-Engelmann § 1362 Anm. 2 a.

13 Vgl. Arnold aaO. § 1362 Anm. 2, S. 41; Massfeller Betr. 1953, 289 ff. (290 sub 8 d ee); ebenso auch OLG Hamm NJW 1956, 1681 ff. (1681) = Rpfleger 1956, 345.

14 Vgl. Bosch FamRZ 1957, 189 ff. (194 sub V d); Dölle JZ 1953, 353 ff. (358 sub II 2 c) [a.A. noch in Festgabe für Erich Kaufmann, 1950, S. 19 ff. (S. 34 f. sub III 2)]; Esser JZ 1953, 521 ff. (524 sub III 1).

III. Die Bestimmung des § 1362 BGB

Das Gleichberechtigungsgesetz folgte im wesentlichen der h.M. Als gesetzlichen Güterstand brachte es die Zugewinngemeinschaft. Die Vorschrift des § 1362 BGB erhielt die Fassung, in der die h.M. § 1362 BGB a.F. auch nach dem 1.4.1953 als weiterhin gültig ansah.

1. Nach § 1362 I 1 BGB wird zugunsten der Gläubiger des Mannes und der Gläubiger der Frau vermutet, daß die beweglichen Sachen, die sich im Besitz eines der Ehegatten oder beider Ehegatten befinden, dem Schuldner gehören. Die durch diese Vermutung eintretende Veränderung der Beweislastverteilung ist erheblich. Hat ein Gläubiger ein Urteil gegen den Ehemann erwirkt, dann muß die Ehefrau, wenn sie der Pfändung von beweglichen Sachen unter Berufung auf ihr Eigentum erfolgreich widersprechen will, gleichgültig, ob Mann oder Frau oder beide Besitzer der Sachen sind, beweisen, daß die gepfändeten Sachen ihr gehören. Entsprechendes gilt, wenn ein Gläubiger einen Titel gegen die Ehefrau erwirkt hat für den Ehemann. Zum Beweis seines Eigentums kann sich der Ehegatte des Schuldners weder auf seinen gegenwärtigen noch auf seinen früheren Besitz berufen, weil in beiden Fällen die Vermutung des § 1006 BGB durch die Sonderregelung des § 1362 I 1 BGB verdrängt wird[15]. Andererseits ist der für die Widerlegung der Rechtsvermutung des § 1362 I 1 BGB erforderliche Beweis des Gegenteils geführt, wenn der nichtschuldende Ehegatte im Interventionsprozeß nachzuweisen vermag, daß er entweder die gepfändete Sache als sein Eigentum mit in die Ehe gebracht oder aber während der Ehe Eigentum an ihr erworben hat; der Beweis der Fortdauer des einmal erworbenen Eigentums wird von ihm nicht gefordert[16].

2. Die Vermutung des § 1362 I 1 BGB gilt nach § 1362 I 2 BGB nicht, wenn die Ehegatten getrennt leben und die Sachen sich im Besitz des Ehegatten befinden, der nicht Schuldner ist. Mit dieser Regelung, die in § 1362 BGB a.F. keinen Anknüpfungspunkt hat, aber bereits für die Zeit vom 1.4.1953–30.6.1958 überwiegend als geltendes Recht angesehen worden ist[17], wird für den Fall des Getrenntlebens der Ehegatten die normale Rechtslage wiederhergestellt. Hat ein Gläubiger einen Titel gegen den Ehemann erwirkt, so wird nicht vermutet, daß die Sachen, die sich im Besitz der von ihm getrennt lebenden Ehefrau befinden, dem Mann gehören.

---

15 So schon zu § 1362 I 1 BGB a.F. RG SeuffA 62, 367 f. = Gruch. 51, 1005; Staudinger-Hübner § 1362 Rdnr. 11.

16 Das ist einhellige Meinung; vgl. RG SeuffA 62, 367 f. = Gruch. 51, 1007; Staudinger-Hübner § 1362 Rdnr. 22. Gernhuber weist mit Recht darauf hin, daß sogar der Nachweis vorehelichen Besitzes ausreicht, weil insoweit die Vermutung des § 1006 BGB für den Erwerb und die Fortdauer des Eigentums gilt; ebenso KG OLGE 12, 129.

17 Vgl. oben II 3.

Anstelle der speziellen Vermutung des § 1362 I 1 BGB gilt für diesen Fall wieder die allgemeine Vermutung des § 1006 BGB[18].

Die Überlegungen, die zu dieser Einschränkung der Eigentumsvermutung des § 1362 I 1 BGB geführt haben, sind ohne weiteres einleuchtend. Die Eigentumsvermutung des § 1362 I 1 BGB soll die Gläubiger von verheirateten Schuldnern vor Nachteilen schützen, die sich aus der Unüberschaubarkeit der Besitzverhältnisse und der hieraus folgenden Unklarheit der Eigentumsverhältnisse an den im räumlichen Bereich der Ehe befindlichen beweglichen Sachen ergeben können. Nach dem alten Recht war sie darüber hinaus, wie schon die Einseitigkeit der Vermutungswirkung zeigte, zugleich Ausdruck der nach außen hin dominierenden Rolle des Ehemannes. Dem ihm – jedenfalls im gesetzlichen Güterstand – eingeräumten umfassenden Verwaltungsrecht entsprach ein genauso umfassender Schutz seiner Gläubiger; deshalb stand ihnen auch für die in der Wohnung der von dem Ehemann getrennt lebenden Ehefrau befindlichen Sachen die Eigentumsvermutung des § 1362 I BGB zur Seite. Für das geltende Recht konnte dies nicht mehr zutreffen. Angesichts der Gleichberechtigung beider Ehegatten kann die einseitige Privilegierung des einen oder anderen Ehegatten genau so wenig in Betracht kommen wie eine entsprechende Bevorzugung der Gläubiger des einen oder anderen Ehegatten. Beide Ehegatten verwalten ihr Vermögen grundsätzlich frei und selbstverantwortlich; soweit nicht Sondervorschriften, wie § 1357 BGB, eingreifen, haften sie für die von ihnen eingegangenen Verbindlichkeiten mit ihrem Vermögen. Demzufolge kann für die Vermutung des § 1362 I 1 BGB nur soweit Raum sein, wie die eheliche Lebensgemeinschaft den von ihr gewährten besonderen Gläubigerschutz erforderlich macht. Im Falle des Getrenntlebens der Ehegatten entwirren sich Besitz und Eigentum; mit der Überschaubarkeit der tatsächlichen Zuordnung der beweglichen Sachen wird auch ihre rechtliche Zuordnung offenkundig. Damit entfallen die Voraussetzungen für eine Anwendung der Bestimmung des § 1362 I 1 BGB. Restbestände vermischten Eigentums, die sich aus der Regelung des § 1361 a BGB ergeben können, vermögen einen solchen besonderen Gläubigerschutz nicht zu rechtfertigen[19].

Die so verstandene Regelung zeigt, daß für die Frage, welche Anforderungen an den Begriff des Getrenntlebens im Sinne des § 1362 I 2 BGB zu stellen sind, keine eherechtlichen Kriterien entscheidend sein können. Es kommt nicht darauf an, ob die Ehegatten deshalb getrennt leben, weil ein Ehegatte nicht oder nicht mehr mit dem anderen Ehegatten zusammenleben will und dies auch entsprechend hat erkennbar werden lassen[20]. Es ist auch nicht

---

18 Vgl. statt aller RGRK (Scheffler) § 1362 Anm. 2.

19 So mit Recht Gernhuber § 22 II 3, S. 193; kritisch Beitzke § 11 VI 6, S. 63 und Staudinger-Hübner § 1362 Rdnr. 10.

20 So die h.M. zu der Frage, wann die Voraussetzungen der häuslichen Gemeinschaft i.S. des § 48 EheG erfüllt sind; vgl. BGHZ 4, 279 (280); LM Nr. 7 zu § 48 I; FamRZ 63, 173; Erman-Ronke § 48 EheG Bem. 3a; a.A. noch RGZ 160, 246 ff. (248); 164, 332 ff. (324).

darauf abzustellen, inwieweit Eheleute zum Getrenntleben berechtigt sind, wie das für die Regelung des § 1361 BGB von Bedeutung ist[21]. Entscheidend ist vielmehr allein, daß die Ehegatten – aus welchen Gründen auch immer – nicht nur vorübergehend tatsächlich räumlich getrennt leben[22].

3. Eine weitere Ausnahme von dem in § 1362 I 1 BGB aufgestellten Grundsatz enthält § 1362 II BGB: Für Sachen, die ausschließlich zum persönlichen Gebrauch eines Ehegatten bestimmt sind, wird vermutet, daß sie dem Ehegatten gehören, für dessen Gebrauch sie bestimmt sind.

Die Vorschrift des § 1362 II BGB stellt in erster Linie eine Schutznorm zugunsten des persönlichen Bereichs eines Ehegatten auf[23]. Es ist zwar nach dem Wortlaut der Bestimmung nicht ausgeschlossen, daß sich auch einmal ein Gläubiger desjenigen Ehegatten, für den die Vermutung in Betracht kommt, auf sie beruft; das kann aber nur für den seltenen Fall praktisch werden, daß die Widerlegung der aus § 1362 II BGB fließenden Vermutung dem Ehegatten des Schuldners größere Schwierigkeiten bereitet als die Widerlegung der Vermutung des § 1362 I 1 BGB. In den meisten dieser Fälle wird der Vollstreckungsschutz des § 811 Nr. 1 oder 5 ZPO einer Pfändung entgegenstehen. Die praktische Bedeutung des § 1362 II BGB als Zugriffserleichterung ist mithin gering[24]; sie kann deshalb im folgenden vernachlässigt werden.

Der Ehegatte, der sich auf die Vermutung des § 1362 II BGB beruft, muß beweisen, daß die Sachen ausschließlich zu seinem persönlichen Gebrauch bestimmt sind. Die Beweislast für die von der Vermutung abweichende Eigentumslage trifft dann den anderen Ehegatten bzw. dessen Gläubiger. Dabei kann die Vermutung des § 1362 II BGB anders als die Vermutung des § 1362 I 1 BGB nicht durch den bloßen Nachweis widerlegt werden, daß der Schuldner vor oder während der Ehe Eigentum an der fraglichen Sache erworben hat; die allgemeine Fortdauervermutung hinsichtlich eines einmal erworbenen Rechts kann im Falle des § 1362 II BGB nicht zum Zuge kommen. Aus der Tatsache, daß § 1362 II BGB die Vermutung für das

---

21 Vgl. dazu Gernhuber § 21 II, S. 181 ff.; Dölle § 36 A III 3, S. 437 f.; Erman-Bartholomeyczik § 1361 Bem. 2.

22 So besonders klar und überzeugend OLG Köln FamRZ 1965, 510 f.; ebenso Erman-Bartholomeyczik § 1362 Bem. 3 a cc; Stein-Jonas-Schönke-Pohle § 739 II 5; Pohle MDR 1954, 705 ff. (706 sub I 2); Zöller-Scherübl § 739 Anm. 6; Noack DGVZ 1960, 56 ff. (57 sub II 1). Grundsätzlich ebenso: Baumbach-Lauterbach § 739 Anm. 3 A und Staudinger-Hübner § 1362 Rdnr. 10; nach beiden gilt aber dann die Vermutung des § 1362 I 1 BGB, wenn die Ehegatten aus Arglist getrennt leben, um die Zwangsvollstreckung zu behindern. Unklar Dölle § 44 II 1 g, S. 690; a.A. AG Bonn MDR 1963, 680 f. = DGVZ 1964, 12. Das Amtsgericht ist der Auffassung, daß auch für ein Getrenntleben im Sinne des § 1362 I 2 BGB ehefeindliche Gesinnung Voraussetzung ist.

23 So richtig Staudinger-Hübner § 1362 Rdnr. 26.

24 Ebenso Staudinger-Hübner § 1362 Rdnr. 27.

Eigentum an die Zweckbestimmung einer Sache zum ausschließlichen persönlichen Gebrauch eines Ehegatten anknüpft, muß vielmehr gefolgert werden, daß der Beweis des Gegenteils auch die Fortdauer des einmal erworbenen Eigentums entgegen der Zweckbestimmung der Sache und der daran anschließenden gesetzlichen Vermutung zu umfassen hat[25].

Die Vorschrift des § 1362 II BGB unterscheidet sich damit wesentlich von der in § 1362 I 2 BGB getroffenen Regelung. Die Bestimmung des § 1362 I 2 BGB erschöpft sich darin, der veränderten sachenrechtlichen Situation entsprechend, für den Fall des Getrenntlebens der Ehegatten abweichend von der Vermutung des § 1362 I 1 BGB die normale Rechtslage wiederherzustellen: Der von dem Schuldner getrennt lebende Ehegatte kann sich, wenn er der Vollstreckung in Sachen, die sich in seinem Besitz befinden, unter Hinweis auf sein Eigentum entgegentreten will, zum Nachweis des Eigentums auf die allgemeine Vermutung des § 1006 BGB berufen. Die Vorschrift des § 1362 II BGB setzt demgegenüber für die von ihr erfaßten Sachen an die Stelle der Vermutung des § 1362 I 1 BGB eine andere, ausschließlich an die Zweckbestimmung der Sachen anknüpfende Vermutung.

Für die Vermutung des § 1362 II BGB ist die sachenrechtliche Situation belanglos; sie greift unabhängig von den Besitzverhältnissen an den von ihr erfaßten Sachen ein. Der Ehegatte, der nachzuweisen vermag, daß im Zeitpunkt seiner Berufung auf die Vermutung ihre tatbestandlichen Voraussetzungen erfüllt sind, wird als Eigentümer vermutet, gleichgültig, wer von den Ehegatten die fragliche Sache im Besitz hat[26]. Da die Vermutung nicht an den tatsächlichen Gebrauch, sondern an die Bestimmung zum ausschließlich persönlichen Gebrauch anknüpft, ist auch ein zeitweiliger tatsächlicher Gebrauch des anderen Ehegatten unschädlich. Selbst dann, wenn die Sachen von dem Ehegatten, für dessen Gebrauch sie bestimmt sind, nur selten oder überhaupt nicht benutzt werden, ist die Vermutung nicht von vornherein ausgeschlossen; tatsächlicher Gebrauch und Besitz können stets nur ein Indiz für die Gebrauchsbestimmung sein[27]. Aus der Tatsache, daß die Besitzverhältnisse an den Sachen ohne Einfluß auf die ausschließlich an der Zweckbestimmung der Sachen orientierte Vermutung sind, folgt schließlich, daß die Vermutung des § 1362 II BGB anders als die Vermutung des

---

25 Das ist einhellige Auffassung. Vgl. RGZ 99, 152 ff. (153); Erman-Bartholomeyczik § 1362 Bem. 4; Staudinger-Hübner § 1362 Rdnr. 30; RGRK (Scheffler) § 1362 Anm. 3.

26 Vgl. bereits zu § 1362 II BGB a.F.: OLG Hamburg Recht 1919 Nr. 759; Kipp-Wolff § 44 II, S. 174. Zum geltenden Recht: Lehmann-Henrich § 11 VIII 2, S. 78; Erman-Bartholomeyczik § 1362 Bem. 4; RGRK (Scheffler) Anm. 3; Soergel-Siebert-Vogel § 1362 Rdnr. 19; Staudinger-Hübner § 1362 Rdnr. 26.

27 Vgl. RGRK (Scheffler) § 1362 Anm. 3; Erman-Bartholomeyczik § 1362 Bem. 4; Staudinger-Hübner § 1362 Rdnr. 25.

§ 1362 I 1 BGB auch dann uneingeschränkt gilt, wenn die Ehegatten getrennt leben[28].

Bedeutung und Gewicht des § 1362 II BGB hängen wesentlich von der Frage ab, welche Sachen nach dem Sinn der Bestimmung von der Vermutung erfaßt werden. Nach der wohl überwiegenden Meinung in Literatur und Rechtsprechung ist die Vermutung nicht auf solche Sachen beschränkt, die schon ihrer Natur nach auf einen der beiden Ehegatten als Benutzer hinweisen wie z.B. der Rasierapparat für den Mann oder die Violine für den Berufsmusiker; sie gilt vielmehr für alle Sachen, von denen der sich auf die Vermutung berufende Ehegatte nachzuweisen vermag, daß sie im konkreten Fall ausschließlich zu seinem Gebrauch bestimmt sind[29]. Diese weite Definition ist schon deshalb zutreffend, weil keine einleuchtenden Kriterien für eine engere Abgrenzung ersichtlich sind. Die Vorschrift des § 1362 II BGB stellt erkennbar nicht nur auf solche Sachen ab, die typischerweise ausschließlich von einer Frau oder einem Mann benutzt werden; dementsprechend können allein die konkreten Verhältnisse der jeweiligen Eheleute maßgebend sein. Von der Vermutungswirkung müssen dann aber auch alle Sachen erfaßt werden, für die der jeweilige Ehegatte den nach § 1362 II BGB erforderlichen Nachweis zu führen imstande ist[30].

Umstritten ist in diesem Zusammenhang, ob auch die Sachen, die zu dem Gewerbebetrieb eines Ehegatten gehören, von der Regelung des § 1362 II BGB betroffen werden. Das LG Coburg hat die Frage bejaht; nach Auffassung der Kammer sind alle Sachen, die sich in dem von einer Ehefrau betriebenen Geflügelzuchtbetrieb befinden, ausschließlich für ihren persönlichen Gebrauch bestimmt[31]. Das OLG Bamberg hat diese Auffassung ausdrücklich bestätigt[32]. In der Literatur sind die Meinungen geteilt. Gernhuber hat die extensive Anwendung des § 1362 II BGB als eine legitime Möglichkeit zur Einengung des Anwendungsbereichs der Vermutung des § 1362 I 1 BGB begrüßt[33]. Die gegenteilige Auffassung vertritt Bartholomeyczik. Nach ihm

---

28 Vgl. BGB-RGRK (Scheffler) § 1362 Anm. 3; Erman-Bartholomeyczik § 1362 Bem. 4; Staudinger-Hübner § 1362 Rdnr. 28; Baumbach-Lauterbach § 739 Anm. 3 B. Für den sicher seltenen Fall, daß der von dem Schuldner getrennt lebende Ehegatte Sachen in Besitz hat, die ausschließlich zum persönlichen Gebrauch des Schuldners bestimmt sind, kann § 1362 II BGB als Zugriffserleichterung praktisch werden.

29 Vgl. Gernhuber § 22 II 4, S. 193 f.; Dölle § 44 II 2, S. 691; Staudinger-Hübner § 1362 Rdnr. 24; LG Coburg FamRZ 1962, 387 ff.; OLG Bamberg FamRZ 1962, 391 f.; LG Essen DGVZ 1963, 103 f. = FamRZ 1963, 650 (L); ohne nähere Begründung einschränkend: Erman-Bartholomeyczik § 1362 Bem. 4; Soergel-Siebert-Vogel § 1362 Rdnr. 17.

30 So schon zu § 1362 II BGB a.F. Staudinger-Engelmann § 1362 Anm. 3 und § 1366 Anm. 3 c.

31 Vgl. FamRZ 1962, 387 ff.

32 Vgl. FamRZ 1962, 391; im Grundsatz ebenso LG Essen DGVZ 1963, 103 f. = FamRZ 1963, 650 (L).

33 Vgl. § 22 II 4, S. 194; ebenso Staudinger-Hübner § 1362 Rdnr. 24.

zieht das LG Coburg die Grenze des persönlichen Gebrauchs zu weit. Der Gewerbebetrieb diene der wirtschaftlichen Betätigung der Frau; diese aber gehe über das „ausschließliche persönliche Gebrauchen“ weit hinaus[34]. Eine dritte Meinung geht, ohne die Frage einer möglichen Anwendung des § 1362 II BGB zu diskutieren, dahin, auf die Sachen, die sich in dem von einem Ehegatten selbständig und erkennbar allein betriebenen Erwerbsgeschäft befinden, sei bei entsprechender räumlicher Trennung von den im räumlichen Bereich der Ehe befindlichen Sachen die Regelung des § 1362 I 2 BGB anzuwenden. Zur Begründung wird ausgeführt, was für das persönliche Getrenntleben der Ehegatten vorgeschrieben sei, müsse bei klar erkennbarer Abtrennung eines geschäftlichen Bereichs genauso gelten[35].

Die Auffassung, nach der für Sachen, die zum Geschäftsbetrieb eines Ehegatten gehören, die Vermutung des § 1362 II BGB anwendbar ist, verdient den Vorzug. Die Vorschrift des § 1362 I 1 BGB paßt – jedenfalls grundsätzlich – nicht für die hier fraglichen Sachen. Sie sind ihrer Natur und ihrer Funktion nach andere Sachen, als sie § 1362 I 1 BGB im Auge hat; sie gehören einem anderen Sachbereich an, der zudem in aller Regel von dem räumlichen Bereich der Ehe so eindeutig abgegrenzt ist, daß schon von daher die sachlichen Voraussetzungen nicht gegeben sind, die eine generelle Anwendung der Vermutung des § 1362 I 1 BGB auf diese Sachen rechtfertigen könnten. Da eine spezielle Regelung fehlt, bieten sich zwei Lösungsmöglichkeiten an: Man kann – wie das insbesondere Pohle tut[35] – für diese Sachen auf die Regelung des § 1362 I 2 BGB zurückgreifen, oder aber man kann – wie das hier zu begründen versucht wird – die Vorschrift des § 1362 II BGB anwenden[35a]. Gegen eine direkte Anwendung des § 1362 I 2 BGB spricht der Wortlaut der Bestimmung. Das Gesetz geht, wenn es von dem Getrenntleben der Ehegatten spricht, unzweifelhaft von einem anderen als dem vorliegenden Sachverhalt aus; das bedarf keiner näheren Erläuterung. Gegen eine analoge Anwendung der Bestimmung kann grundsätzlich nichts eingewendet werden. Soweit ein Ehegatte seinen Geschäftsbetrieb selbständig und erkennbar allein führt und der räumliche Bereich des Betriebes von dem räumlichen Bereich der Ehe hinreichend

34 Vgl. Erman-Bartholomeyczik § 1362 Bem. 4.

35 Vgl. Stein-Jonas-Schönke-Pohle § 739 II 6; Noack DGVZ 1963, 97 ff.; ders. MDR 1966, 809 ff. (809) = DGVZ 1966, 129 ff.; LG Aurich DGVZ 1966, 171 f.

35a Theoretisch ist noch eine dritte Lösung denkbar. Man könnte davon ausgehen, die Vorschrift des § 1362 BGB solle nicht das gesamte bewegliche Vermögen der Eheleute erfassen; sie sei vielmehr in ihrer Anwendung auf diejenigen beweglichen Sachen beschränkt, die sich im räumlichen Bereich der Ehe befinden. Da der Geschäftsbetrieb eines Ehegatten in aller Regel von dem räumlichen Bereich der Ehe getrennt ist, würden die zu ihm gehörenden beweglichen Sachen überhaupt nicht von der Regelung des § 1362 BGB betroffen werden; für sie würde die allgemeine Vermutung des § 1006 BGB gelten. Eine solche Lösung hätte die Voraussetzungen und das Ergebnis mit der Auffassung gemeinsam, die sich auf § 1362 I 2 BGB beruft; sie begegnet deshalb den gleichen Bedenken.

getrennt ist, liegen die gleichen sachlichen Voraussetzungen vor, die es auch für den Fall des Getrenntlebens der Ehegatten rechtfertigen, an die Stelle der Vermutung des § 1362 I 1 BGB die allgemeine Vermutung des § 1006 BGB treten zu lassen[36]. Gegen eine analoge Anwendung des § 1362 I 2 BGB spricht, daß eine solche Regelung zu unbeweglich wäre; in allen Fällen, in denen eine ausreichende Abgrenzung des räumlichen Bereichs des Geschäftsbetriebs fehlt, in denen deshalb die allgemeine Vermutung des § 1006 BGB nicht zu eindeutigen Ergebnissen führen würde, müßte notwendig auf die Vorschrift des § 1362 I 1 BGB zurückgegriffen werden[37]. Hier ermöglicht die Anwendung der Vorschrift des § 1362 II BGB sachgerechtere Ergebnisse. Da für die in ihr enthaltene Vermutung die Besitzverhältnisse keine Rolle spielen, kann der Ehegatte des Schuldners, wenn er unter Hinweis auf sein Eigentum die Vollstreckung in Sachen verhindern will, die zu seinem Gewerbebetrieb gehören, sich auch dann auf § 1362 II BGB berufen, wenn die Besitzverhältnisse nicht eindeutig sind oder gar zugunsten des Schuldners sprechen. Es liegt bei ihm, den Nachweis zu führen, daß die fraglichen Sachen dennoch ausschließlich zu dem von ihm geführten Geschäftsbetrieb gehören und damit ausschließlich zu seinem Gebrauch bestimmt sind. Dieser Nachweis mag anders als in dem Fall einer klaren räumlichen Abtrennung des Geschäftsbetriebs in der Praxis nur schwer gelingen; er ist aber nicht von vornherein ausgeschlossen. Andererseits sprechen auch keine ernstzunehmenden Gründe gegen eine Anwendung der Vermutung des § 1362 II BGB auf Sachen, die zum Gewerbebetrieb eines Ehegatten gehören; die von Bartholomeyczik geltend gemachten Bedenken vermögen nicht zu überzeugen. Es ist nicht einzusehen, weshalb das „ausschließlich persönliche Gebrauchen" i.S. des § 1362 II BGB auf den privaten Bereich eines Ehegatten beschränkt bleiben soll. Die Bestimmung zum ausschließlich persönlichen Gebrauch ist nach der oben als zutreffend erkannten weiten Definition für alle Sachen zu bejahen, die entweder nach ihrer Natur oder aber nach ihrer Funktion dazu bestimmt sind, nur von dem einen Ehegatten benutzt zu werden. Diese Voraussetzungen sind aber für die Sachen, die ausschließlich dazu bestimmt sind, einem Ehegatten bei seiner wirtschaftlichen Betätigung zu dienen, in besonderem Maße erfüllt; sie sind es deshalb, weil der andere Ehegatte zu solchen Sachen eben wegen ihrer besonderen Funktion keine tatsächliche und demzufolge auch keine rechtliche Beziehung hat.

Die praktische Bedeutung der damit, nicht zuletzt um einer sinnvollen Begrenzung des Anwendungsbereichs der Vermutung des § 1362 I 1 BGB

36 Pohle denkt wohl auch – ohne das klar zum Ausdruck zu bringen – nur an eine analoge Anwendung des § 1362 I 2 BGB, wenn er formuliert, was für das persönliche Getrenntleben vorgeschrieben sei, müsse insoweit *entsprechend* bei klarer Abtrennung eines geschäftlichen Bereichs gelten; vgl. § 739 II 6.

37 So ausdrücklich LG Kiel DGVZ 1960, 107 f.; LG Aurich DGVZ 1966, 171 f.; Noack DGVZ 1963, 97 ff.

willen befürworteten weiten Definition für die unter § 1362 II BGB fallenden, ausschließlich zum persönlichen Gebrauch bestimmten Sachen ist nicht so groß, wie das auf den ersten Blick erscheinen mag. Je weniger die Beschaffenheit einer Sache Rückschlüsse auf ihre Gebrauchsbestimmung zuläßt, desto schwerer wird es für den Ehegatten, der sich auf § 1362 II BGB beruft, sein, den ihm obliegenden Nachweis der tatbestandlichen Voraussetzungen für das Eingreifen der Vermutung zu erbringen[38]. Andererseits müssen an diesen Beweis strenge Anforderungen gestellt werden, um Manipulationen der Ehegatten zugunsten des nichtschuldenden Ehegatten und damit zum Nachteil der Gläubiger zu vermeiden. Der Bundesgerichtshof hat diesem Gebot in zwei Entscheidungen zu der Frage, inwieweit man davon ausgehen kann, daß Frauenschmuck ausschließlich zum persönlichen Gebrauch bestimmt ist, Rechnung getragen. In einer Entscheidung aus dem Jahre 1951 hat der vierte Zivilsenat die Auffassung vertreten, eine tatsächliche Vermutung dafür, daß Frauenschmuck ausschließlich zum persönlichen Gebrauch der Frau bestimmt sei, bestehe nicht; man könne allerdings von dem Erfahrungssatz ausgehen, daß in einer Normalehe Frauenschmuck in der Regel für den persönlichen Gebrauch der Ehefrau bestimmt sei, und dieser Erfahrungssatz könne neben anderen Umständen im Rahmen der Beweiswürdigung mit berücksichtigt werden[39]. Der achte Zivilsenat hat diese Auffassung in einer Entscheidung aus dem Jahre 1958 noch eingeschränkt. Danach sind wertvolle Schmucksachen dann nicht ausschließlich zum persönlichen Gebrauch für die Ehefrau bestimmt, wenn sie der Familie als Kapitalanlage dienen; mithin habe die Frau auch dann, wenn sie die Schmuckstücke nach Belieben tragen könne, ihre Zweckbestimmung zu beweisen[40].

IV. Der Geltungsbereich der Bestimmung

1. Die Eigentumsvermutungen des § 1362 BGB sind gegenständlich in ihrer Vermutungswirkung auf bewegliche Sachen beschränkt. Den beweglichen Sachen gleichgestellt sind nach § 1362 I 3 BGB die Inhaberpapiere und solche Orderpapiere, die mit Blankoindossament versehen sind, weil bei ihnen der Bestand des Rechts an den Besitz des Papiers geknüpft ist und deswegen die Übertragung des Rechts durch die Übereignung des Papiers stattfindet. Die Beschränkung ist ohne weiteres einleuchtend. Im Immobiliarrecht erteilt in aller Regel das Grundbuch zuverlässige Auskunft über die rechtliche

38 Für die zu einem Geschäftsbetrieb gehörenden Sachen wird der Beweis neben dem Fall, daß der räumliche Bereich des Betriebs nicht eindeutig genug von dem räumlichen Bereich der Ehe abgegrenzt ist, vor allem dann scheitern, wenn die wirkliche Inhaberschaft zweifelhaft ist; so richtig LG Aurich DGVZ 1966, 171 f.

39 Vgl. BGHZ 2, 82 ff. = NJW 1951, 839 f.

40 Vgl. BGH NJW 1959, 142 f. = FamRZ 1959, 13 f.

Zuordnung des Vermögens, so daß hier eine besondere Regelung überflüssig ist. Bei den übrigen Rechten und Forderungen aber fehlt ohnehin ein dem Besitz vergleichbarer Vertrauenstatbestand, so daß insoweit den Gläubigern bei einem verheirateten Schuldner keine größere Gefährdung droht als bei einem unverheirateten Schuldner.

2. In persönlicher Hinsicht sind die Eigentumsvermutungen des § 1362 BGB einmal in ihrer Geltung beschränkt auf Ehegatten. Sie setzen grundsätzlich voraus, daß eine wirksame Ehe begründet worden ist und greifen deshalb nicht ein, wenn ein Mann und eine Frau, ohne verheiratet zu sein, tatsächlich in einem eheähnlichen Verhältnis dauernd zusammenleben, obwohl die Gläubiger hier möglicherweise genauso gefährdet sind wie bei verheirateten Schuldnern. Eine Ausnahme gilt für die Fälle der Nichtigkeit und die Fälle der Aufhebbarkeit der Ehe; mit Rücksicht auf den auch von diesen „Ehen" ausgehenden Rechtsschein ist die Anwendbarkeit der Bestimmung hier solange zu bejahen, bis die Ehe rechtskräftig für nichtig erklärt oder aufgelöst ist[41].

Eine andere Frage ist, wer sich auf die Eigentumsvermutungen berufen darf; hier ist zwischen der Vermutung des § 1362 I 1 BGB und der Vermutung des § 1362 II BGB zu unterscheiden.

Die Vermutung des § 1362 I 1 BGB gilt nur zugunsten der Gläubiger von Ehegatten, nicht zugunsten anderer Personen. Sie gilt nicht zugunsten eines Ehegatten gegenüber seinem Schuldner oder gegenüber den Gläubigern des anderen Ehegatten, nicht zugunsten der Schuldner eines Ehegatten und vor allem nicht im Verhältnis der Ehegatten oder ihrer Rechtsnachfolger zueinander; im Verhältnis der Ehegatten zueinander kann sich der besitzende Ehegatte wie jeder andere Besitzer auf die allgemeine Vermutung des § 1006 BGB berufen[42].

Der Geltungsbereich der Vermutung des § 1362 II BGB ist weiter. Sie gilt, wie wir gesehen haben, in erster Linie zugunsten eines Ehegatten gegenüber den Gläubigern des anderen Ehegatten. Sie gilt aber auch zugunsten der Gläubiger von Ehegatten. Schließlich gilt sie im Verhältnis der Ehegatten und ihrer Rechtsnachfolger zueinander[43].

3. In zeitlicher Hinsicht ist der Geltungsbereich der Vermutung des § 1362 I 1 BGB und der Vermutung des § 1362 II BGB ebenfalls verschieden. Die Vermutung des § 1362 I 1 BGB gilt nur so lange wie die Ehe besteht; das ergibt sich schon daraus, daß mit der Auflösung der Ehe, jedenfalls in aller Regel, auch die für das Eingreifen der Vermutung erforderliche häusliche Gemeinschaft endet. Eine Berufung auf die Vermutung des § 1362 II BGB ist

---

41 Vgl. Stein-Jonas-Schönke-Pohle § 739 II 1.

42 Vgl. RGZ 84, 45 ff. (49) zu § 1362 I 1 BGB a.F.; Dölle § 44 II 1 b, S. 687.

43 Vgl. Dölle § 44 II 2, S. 691; Erman-Bartholomeyczik § 1362 Bem. 4; Staudinger-Hübner § 1362 Rdnr. 31; BGHZ 2, 82 ff. = NJW 1951, 839 f.

demgegenüber nach allgemeiner Auffassung auch noch nach Auflösung der Ehe möglich, soweit noch keine die Besitzverhältnisse entsprechend den Eigentumsverhältnissen regelnde Vermögensauseinandersetzung erfolgt ist. Gerade für die Auseinandersetzung der Ehegatten nach Beendigung der Ehe kommt der Vermutung neben der hier in erster Linie interessierenden Bedeutung für die Zwangsvollstreckung besonderes Gewicht zu[44].

4. Die Vorschrift des § 1362 BGB, insbesondere die Eigentumsvermutung des § 1362 I 1 BGB, enthält, da sie den Schutz außenstehender Dritter gewährleisten soll, zwingendes Recht; abweichende Vereinbarungen der Ehegatten sind nichtig[45]. Sie gilt grundsätzlich für alle Güterstände. Für den Güterstand der Gütergemeinschaft besteht die ohne weiteres einleuchtende Ausnahme, daß hier zunächst die aus § 1416 BGB herzuleitende Gesamtgutsvermutung eingreift; erst nach deren Widerlegung kann die Vermutung des § 1362 I 1 BGB zum Zuge kommen[46].

Die praktische Bedeutung der Vorschrift des § 1362 I 1 BGB für die Gütergemeinschaft ist damit gering. Zur Widerlegung der für die Zugehörigkeit zum Gesamtgut sprechenden Vermutung ist in aller Regel der Nachweis erforderlich, daß die fragliche Sache Bestandteil des Vorbehaltsgutes ist. Gelingt dieser Nachweis, dann werden regelmäßig auch die Eigentumsverhältnisse an dem Vorbehaltsgut offenbar sein, so daß für die Vermutung des § 1362 I 1 BGB kein Raum mehr ist[47].

V. Würdigung der Bestimmung

Von den in § 1362 BGB getroffenen Regelungen sind § 1362 I 2 und § 1362 II BGB unproblematisch. Eine kritische Würdigung kann sich deshalb auf die Frage beschränken, inwieweit die Vermutung des § 1362 I 1 BGB sachgerecht ist.

Es ist nicht zu verkennen, daß die Vermutung des § 1362 I 1 BGB im Einzelfall dazu führen kann, daß ein Ehegatte, weil er den ihm obliegenden

---

44 Vgl. Dölle § 44 II 2, S. 692; Gernhuber § 22 II 4, S. 194; RGRK (Scheffler) § 1362 Anm. 3; Erman-Bartholomeyczik § 1362 Bem. 4; Soergel-Siebert-Vogel § 1362 Rdnrn. 8 u. 20; Staudinger-Hübner, § 1362 Rdnr. 32; RG Warn. 1923/24 Nr. 128; BGHZ 2, 82 ff. = NJW 1951, 839 f. Der Bundesgerichtshof geht in sehr weiter – aber sicher richtiger – Erstreckung des Geltungsbereichs der Bestimmung davon aus, daß sich die Erben der ersten Ehefrau, solange keine Vermögensauseinandersetzung erfolgt ist, gegenüber der zweiten Ehefrau, der der Ehemann Frauenschmuck geschenkt hat, auf die Vermutung des § 1362 II BGB berufen können.

45 Vgl. statt aller Erman-Bartholomeyczik § 1362 Bem. 2; Staudinger-Hübner § 1362 Rdnr. 4.

46 Allgemeine Auffassung; vgl. statt aller Erman-Bartholomeyczik aaO.; Staudinger-Hübner aaO.

47 So mit Recht Weber Rpfleger 1959, 179 ff. (180 sub III 1).

Beweis nicht erbringen kann, mit Sachen, die ihm gehören, für Schulden seines Ehegatten haftet. Dieses Ergebnis wird in der Literatur teilweise zum Anlaß genommen, die Sachgerechtheit der Bestimmung zu bezweifeln. Zur Begründung werden im wesentlichen die gleichen Argumente angeführt, die schon vor Inkrafttreten der Neufassung des § 1362 BGB, in der Zeit vom 1.4.1953 bis 30.6.1958, einen Teil der Literatur dazu bewogen haben, für die ersatzlose Streichung des § 1362 I 1 BGB a.F. einzutreten: Die Radikalität, mit der das deutsche Recht die Interessen der Gläubiger wahre, verbinde die Ehegatten in einem Maße zu einer Haftungsgemeinschaft, das sich schwerlich mit dem gesetzlichen Güterstand als einem System der Gütertrennung vereinbaren lasse[48].

Diese Kritik ist pauschal und vor allem zu einseitig; sie betont einseitig die Interessen der Ehegatten und vernachlässigt damit zwangsläufig die Interessen ihrer Gläubiger. Welche Konsequenzen sich ergeben würden, wenn die Gläubiger von verheirateten Schuldnern für die Zwangsvollstreckung auf die allgemeinen Vorschriften angewiesen wären, ist zu Beginn der Untersuchung ausführlich dargestellt worden; die Zwangsvollstreckung müßte in einer Vielzahl von Fällen an den für die Gläubiger unüberwindlichen Beweisschwierigkeiten scheitern[49]. Eine spezielle Regelung, die diese Konsequenzen vermeidet, ist deshalb für den Rechtsverkehr unentbehrlich. Die Eigentumsvermutung des § 1362 I 1 BGB ist geeignet, diese Voraussetzungen zu erfüllen; das wird auch von den Kritikern der Bestimmung nicht bestritten. Daß sie anders als § 1362 I 1 BGB a.F. dem Grundsatz der Gleichberechtigung von Mann und Frau vollauf Rechnung trägt, kann genau so wenig zweifelhaft sein. Sie ist aber auch im übrigen sachgerecht. Der Ehegatte des Schuldners ist unvergleichbar leichter als ein Gläubiger in der Lage, die Besitz- und Eigentumsverhältnisse an den im räumlichen Bereich der Ehe befindlichen beweglichen Sachen zu entwirren. Dementsprechend ist es nicht ungerechtfertigt, dann, wenn nicht geklärt werden kann, welchem von den beiden Ehegatten bestimmte Sachen gehören, ihn und nicht den Gläubiger die damit verbundenen Nachteile tragen zu lassen. Aus der Tatsache, daß § 1362 I 1 BGB dieser Sachlage Rechnung trägt, zu folgern, hier würden einseitig Interessen der Gläubiger geschützt und dementsprechend Interessen des Ehegatten des Schuldners vernachlässigt, erscheint übertrieben und ungerecht. Genausowenig kann es zutreffen, in der Regelung eine systemwidrige Durchbrechung des Grundsatzes der Vermögens- und damit auch der Haftungstrennung zu sehen. Es liegt ausschließlich bei den Ehegatten, eine solche Durchbrechung durch eine rechtzeitige Klarstellung der Vermögensgrenzen zu vermeiden. Dabei ist die Aufstellung eines Vermögensverzeichnisses sowie die Eintragung ins Güterrechtsregister

48 Vgl. Gernhuber § 22 II 9, S. 195 und vor allem Bosch FamRZ 1957, 189 ff. (194 sub V d); FamRZ 1958, 81 ff. (85 sub VI 4); FamRZ 1963, 421.

49 Vgl. oben I.

zwar nicht geeignet, die Vermutung des § 1362 I 1 BGB im Ernstfall zu widerlegen; beides kann aber sehr wohl als Beweismittel von Wert sein und damit den Beweis des Gegenteils nicht unerheblich erleichtern[50].

B. Die Sonderregelung des § 739 ZPO

I. Die Notwendigkeit einer Sonderregelung

Die in § 1362 BGB getroffene Regelung reicht allein nicht aus, um den Gläubigern von verheirateten Schuldnern eine erfolgreiche Zwangsvollstreckung zu ermöglichen.

Nach § 808 ZPO kann der Gerichtsvollzieher nur solche Sachen pfänden, die sich im Gewahrsam des Schuldners befinden. Die Pfändung von Sachen, an denen ein Dritter Allein- oder Mitgewahrsam hat, ist nach § 809 ZPO zulässig, wenn der Dritte zur Herausgabe bereit ist. Nimmt der Gerichtsvollzieher ohne die Herausgabebereitschaft des Dritten eine Pfändung vor, so ist sie nicht unwirksam; der Dritte kann aber nach § 766 ZPO Erinnerung gegen die Art und Weise der Zwangsvollstreckung einlegen.

Die gesetzliche Regelung beruht auf verschiedenen Gründen. Zunächst einmal soll der Gerichtsvollzieher Sachen, die sich im Gewahrsam oder Mitgewahrsam eines Dritten befinden, deshalb nicht pfänden, weil er dann genötigt wäre zu prüfen, welche Sachen dem Dritten und welche dem Schuldner gehören; von der für ihn schwierigen Prüfung von Eigentumsfragen soll er aber gerade verschont bleiben[51]. Darüberhinaus soll der Dritte aber auch dann den Vollstreckungszugriff nicht ohne weiteres dulden müssen, wenn bestimmte Sachen, die sich in seinem Gewahrsam befinden, unzweifelhaft Eigentum des Schuldners sind. In diesen Fällen deutet der Gewahrsam des Dritten darauf hin, daß ihm ein Recht zum Besitz zusteht. Mit der Prüfung, ob und inwieweit dieses Recht besteht und dem Recht des pfändenden Gläubigers vorgeht, wäre der Gerichtsvollzieher aber genauso überfordert wie mit der Prüfung der Eigentumsverhältnisse[52].

Schließlich verfolgt die Vorschrift des § 809 ZPO ganz allgemein den Schutz des Individuums vor der Staatsgewalt. Niemand soll vollstreckungsrechtlichem Zwang ausgesetzt sein, ohne daß ein gegen ihn persönlich gerichteter Titel vorliegt[53].

---

50 So mit Recht die überwiegende Meinung; vgl. Dölle § 44 II, S. 687; Reinicke Betr. 1965, 961 ff.; vgl. auch oben Fußnote 11.

51 Vgl. dazu und zu dem Zusammenhang zwischen der Regelung der §§ 808, 809 ZPO und der Eigentumsvermutung des § 1006 BGB bereits oben § 2 A I.

52 So richtig Beitzke ZZP 68, 241 ff. (253 sub III 3 b).

53 Vgl. auch dazu Beitzke aaO., S. 253 f. (sub III 3 c) unter Hinweis auf die Motive zur ZPO.

Auch diese für den Normalfall durchaus sinnvolle und sachgerechte Regelung müßte, sofern keine Sonderregelung bestünde, bei der Zwangsvollstreckung gegen einen verheirateten Schuldner zu erheblichen Schwierigkeiten führen. Ein Ehegatte hat häufig – bei weitem häufiger als irgendein anderer Dritter – Mitbesitz und Mitgewahrsam an Sachen, die dem anderen Ehegatten gehören. Der Ehegatte des Schuldners könnte deshalb in vielen Fällen schon allein aufgrund seines Mitgewahrsams die Zwangsvollstreckung des Gläubigers entweder überhaupt unmöglich machen oder doch erheblich erschweren. Dem Gläubiger bliebe, soweit der Ehegatte nicht herausgabebereit wäre, allein die Möglichkeit, den Herausgabeanspruch des Schuldners gegen seinen Ehegatten zu pfänden und sich zur Einziehung überweisen zu lassen; erst in dem Einziehungsrechtsstreit gegen den Ehegatten des Schuldners würde ihm die Vorschrift des § 1362 BGB, insbesondere die Eigentumsvermutung des § 1362 I 1 BGB, zugute kommen.

II. Die Rechtslage vor Einführung des § 739 ZPO

1. Die damit angeschnittene Problematik ist nicht neu. Für die Zeit vor dem 1.4.1953 konnte sie vernachlässigt werden, weil sie weit weniger häufig praktisch wurde als heute; nur deshalb konnte auch für das vor dem 1.4.1953 geltende Recht auf eine gesetzliche Sonderregelung verzichtet werden.

Die Mehrzahl aller Ehen lebte vor dem 1.4.1953 in dem damals geltenden gesetzlichen Güterstand der Verwaltung und Nutznießung des Ehemannes am eingebrachten Gut der Ehefrau. Aufgrund der dominierenden Rolle, die dem Ehemann in diesem Güterstand zukam, war er nicht nur Alleinbesitzer an den ihm gehörenden Sachen; aus der ihm in § 1373 BGB a.F. eingeräumten Berechtigung, die zum eingebrachten Gut der Frau gehörenden Sachen in Besitz zu nehmen, folgte, daß er in aller Regel auch Alleinbesitzer dieser Sachen war. Mithin konnte grundsätzlich davon ausgegangen werden, daß der Ehemann an allen beweglichen Sachen in der häuslichen Gemeinschaft, soweit sie nicht zum persönlichen Gebrauch der Frau bestimmt waren, Alleinbesitz und damit auch vollstreckungsrechtlichen Alleingewahrsam hatte[54]. Gläubiger, die gegen einen Ehemann vollstreckten – und das war nach der Verteilung der Rollen von Ehemann und Ehefrau der Normalfall einer Zwangsvollstreckung gegen Ehegatten –, brauchten deshalb in der Regel nicht zu befürchten, daß sich die Ehefrau unter Berufung auf ihren Allein- oder

54 Das Reichsgericht hatte zwar betont, aufgrund der Vorschrift des § 1373 BGB bestehe keine Besitzvermutung entsprechend der Eigentumsvermutung des § 1362 BGB dahin, daß alles in der häuslichen Gemeinschaft Befindliche außer dem zum persönlichen Gebrauch der Frau Bestimmten sich im Besitz des Mannes befinde, vgl. RG JW 1911, 327; ebenso OLG Dresden SeuffA 67 Nr. 10; dennoch herrschte weitgehend Einhelligkeit darüber, daß man darin den Regelzustand zu sehen habe, vgl. OLGE 26, 175; Palandt-Lauterbach (16. Aufl. 1957) § 1372 Anm. 1.

Mitgewahrsam an den Sachen gegen die Zwangsvollstreckung wenden könnte. Für die seltenen Ausnahmefälle, in denen die Ehefrau tatsächlich Gewahrsam an den zu pfändenden Sachen hatte, wurde der oben vorgezeichnete Weg der Pfändung und Überweisung des Herausgabeanspruchs des Ehemannes gegen die Ehefrau als unumgänglich in Kauf genommen[55]. Der umgekehrte Fall schließlich, daß Gläubiger einer Ehefrau in deren eingebrachtes Gut vollstreckten, war gesetzlich besonders geregelt; die Zwangsvollstreckung in das eingebrachte Gut der Ehefrau war von vornherein nach § 739 ZPO a.F. nur zulässig, wenn die Ehefrau zur Leistung und der Ehemann zur Duldung der Zwangsvollstreckung in das eingebrachte Gut verurteilt waren.

Soweit die Eheleute vertraglich den Güterstand der Gütertrennung vereinbart hatten, galt nichts wesentlich anderes. Zwar konnte dem Ehemann für diesen Güterstand weder ein Verwaltungs- noch ein Nutzungsrecht an dem Frauengut zukommen; das änderte aber nach allgemeiner Ansicht nichts daran, daß er auch bei Gütertrennung mit der Eheschließung aufgrund des ihm nach § 1354 BGB a.F. zustehenden Bestimmungsrechts und seiner Stellung als Haushaltungsvorstand Alleingewahrsam an den meisten in der ehelichen Wohnung befindlichen Sachen erhielt[56]. Da auch hier in der großen Mehrzahl aller Fälle gegen den Ehemann vollstreckt wurde, konnten den Gläubigern bei dieser Beurteilung der Rechtslage kaum nennenswerte Schwierigkeiten entstehen. Soweit ausnahmsweise einmal gegen die Frau vollstreckt werden sollte, versuchte man mit einer in Analogie zu § 739 ZPO a.F. entwickelten Duldungsklage gegen den Ehemann zu helfen[57].

2. Am 1.4.1953 änderte sich die Situation grundlegend. Der Ehemann büßte die ihm bisher zugebilligte Vormachtstellung ein. Zugleich aber änderte sich die Beurteilung der Besitz- und Gewahrsamsverhältnisse an den im räumlichen Bereich der Ehe befindlichen Sachen.

Das Reichsgericht war davon ausgegangen, es lasse sich aus der Pflicht zur ehelichen Lebensgemeinschaft kein Recht darauf ableiten, das Eigentum des anderen Ehegatten mitzubenutzen; insbesondere lasse die tatsächliche Benutzung bestimmter Gegenstände durch beide Ehegatten keine Rückschlüsse auf die Besitzverhältnisse an diesen Sachen zu. Soweit sich aus güterrechtlichen Bestimmungen nichts anderes ergebe, sei der Eigentümer bestimmter Sachen auch deren Alleinbesitzer[58].

55 Vgl. Kipp-Wolff § 44, 4, S. 173; Staudinger-Engelmann § 1362Anm. 9.

56 Vgl. Beitzke ZZP 68, 241 ff. (241) mit zahlreichen Nachweisen; Noack DGVZ 1956, 49 ff. (59). Dabei ist interessant, daß man einerseits dem Ehemann vollstreckungsrechtlichen Alleingewahrsam auch an den der Ehefrau gehörenden Sachen zubilligte, andererseits aber davon ausging, daß im Verhältnis der Eheleute zueinander jeder Ehegatte an den ihm gehörenden Sachen Alleinbesitz hatte; vgl. dazu vor allem Lupprian ZZP 62, 332 ff. (333).

57 Vgl. Lupprian aaO. mit weiteren Nachweisen; Noack aaO.

58 Vgl. RGZ 87, 56 ff. (57 f.); RG JW 1914, 146 ff. (147 f.); JW 1922, 93 f. mit kritischer Anmerkung durch von Blume.

Nunmehr vertraten Literatur und Rechtsprechung im wesentlichen übereinstimmend den gegenteiligen Standpunkt. Man ging dazu über, in aller Regel Mitbesitz der Ehegatten an den von ihnen gemeinsam benutzten Gegenstände anzunehmen. Die rechtliche Grundlage für den Mitbesitz sah man entweder allgemein in der Pflicht zur ehelichen Lebensgemeinschaft oder spezieller in der gegenseitigen Unterhaltsverpflichtung. Die vollstreckungsrechtlichen Gewahrsamsverhältnisse beurteilte man diesem neuen Verständnis entsprechend genauso[59].

Mit der Geltung des Güterstandes der Gütertrennung als gesetzlicher und damit als Regelgüterstand, vor allem aber infolge der veränderten Beurteilung der Besitz- und Gewahrsamsverhältnisse an den im räumlichen Bereich der Ehe befindlichen Sachen kam der sich aus den Vorschriften der §§ 808, 809 ZPO für die Zwangsvollstreckung gegen Ehegatten ergebenden Problematik mit einem Mal aktuelle und generelle Bedeutung zu. Zur Lösung der Problematik wurden im wesentlichen drei Möglichkeiten diskutiert: (1) der zu Anfang vorgezeichnete Weg der Pfändung und Überweisung des Herausgabeanspruchs des Schuldners gegen seinen Ehegatten, (2) die ebenfalls bereits während der Geltung des alten Rechts erwogene und zum Teil bejahte Möglichkeit einer zusätzlichen Klage gegen den Ehegatten des Schuldners auf

59 Vgl. Beitzke ZZP 68, 241 ff. (242 f. u. 244 sub II a); Bosch FamRZ 1957, 189 ff. (194 sub V g); Finke BB 1953, 271 ff. (272); besonders eingehend Kremer FamRZ 1954, 186 ff. und Besitz und Besitzberechtigung der Ehegatten an Hausrat und Ehewohnung S. 15 ff.; Lent ZZP 10, 401 ff. (404 sub II 2); Pohle MDR 1954, 705 ff. (insbes. 706 sub I 4); ders. ZZP 68, 260 ff. (267 f. sub II 1); Reinicke NJW 1953, 681 ff. (684 f. sub VI); ders. NJW 1957, 934 ff. (936 sub II 1); LG Ansbach NJW 1955, 228 f. m. Anmerkung von Reinicke = FamRZ 1955, 117, (Nr. 110) [L]; OLG Celle NdsRpfleger 1955, 214 (Nr. 3) = DGVZ 1956, 22 = FamRZ 1956, 121 (Nr. 235); OLG Hamm NJW 1956, 1681 ff. (1681) = JMBl NRW 1956, 112 = Rpfleger 1956, 345 = FamRZ 1957, 53 [L]; KG Berlin Rpfleger 1957, 415 f. = NJW 1957, 1768 f.; im Grundsatz ebenso der Bundesgerichtshof BGHZ 12, 380 ff. (398 ff.) = FamRZ 1954, 73 [L] sowie ausführlich 198 f. = NJW 1954, 918 ff. (920) = ZMR 1954, 171. Im Gegensatz zu den oben vorgetragenen Auffassungen sah allerdings der BGH die Grundlage für das Recht des einen Ehegatten zum Mitbesitz an den dem anderen Ehegatten gehörenden Sachen in einem Gebrauchsüberlassungsvertrag nach Art der Leihe; auch ohne ausdrückliche Vereinbarung müsse in aller Regel mit Rücksicht auf die gegenseitigen Verpflichtungen zur ehelichen Lebensgemeinschaft der stillschweigende Abschluß eines solchen Vertrages zwischen den Ehegatten angenommen werden. Die von dem BGH vertretene Auffassung muß vor dem Hintergrund der Rechtsprechung des RG gesehen werden, von der sich der BGH mit dieser Entscheidung löst; sie vermag aber nicht zu überzeugen. Einerseits ist der von dem BGH angenommene stillschweigend erfolgende Abschluß eines Gebrauchsüberlassungsvertrages nach Art der Leihe eine reine Fiktion; andererseits ist eine solche Konstruktion völlig überflüssig, weil nach dem heutigen Verständnis entgegen der wesentlich von den damaligen eherechtlichen und güterrechtlichen Vorstellungen beeinflußten Rechtsprechung des Reichsgerichts das Recht des einen Ehegatten zum Mitbesitz an den Sachen des anderen Ehegatten zutreffend unmittelbar aus der Pflicht zur ehelichen Lebensgemeinschaft oder aber der gegenseitigen Unterhaltsverpflichtung abgeleitet wird. Vgl. dazu vor allem Kremer aaO. und auch OLG Hamm aaO.

Duldung der Zwangsvollstreckung in das in seinem Gewahrsam befindliche Vermögen des Schuldners und (3) schließlich die Möglichkeit einer Vollstreckung trotz des Gewahrsams oder Mitgewahrsams des Ehegatten des Schuldners[60].

(1) Die erste Möglichkeit, den Herausgabeanspruch des Schuldners gegen seinen Ehegatten zu pfänden, wurde zwar als das normale Verfahren anerkannt, um an die im Gewahrsam oder Mitgewahrsam eines Dritten stehenden Gegenstände heranzukommen; dennoch sprach sich die überwiegende Meinung gegen ein solches Verfahren aus, weil es in vielen Fällen nicht zu dem gewünschten Erfolg führen, in jedem Fall aber zu umständlich sein würde[61].

(2) Die in Analogie zu § 739 ZPO a.F. entwickelte Möglichkeit einer zusätzlichen Duldungsklage gegen den Ehegatten des Schuldners wurde teilweise als sachgerechte Lösung zur Überwindung der vollstreckungsrechtlichen Schwierigkeiten bejaht[62]. Die gegenteilige Auffassung vertraten mit ausführlicher und überzeugender Begründung insbesondere Beitzke und Pohle. Sie wiesen nach, daß es nicht gerechtfertigt sei, sich für die Zulässigkeit einer solchen Klage auf eine Analogie zu § 739 ZPO a.F. zu berufen, weil die in § 739 ZPO a.F. geregelte, speziell auf den früheren gesetzlichen Güterstand der ehemännlichen Verwaltung und Nutznießung zugeschnittene Duldungsklage jedenfalls primär ein wesentlich anderes Ziel verfolgt und vor allem auch auf ganz anderen materiellrechtlichen Voraussetzungen beruht habe[63].

(3) Die h.M. entschied sich schließlich für die dritte der oben aufgezeigten Möglichkeiten. Nach einer Übergangszeit der Unsicherheit gingen Literatur und Rechtsprechung im wesentlichen übereinstimmend davon aus, der lediglich auf der ehelichen Lebensgemeinschaft beruhende Mitbesitz und Mitgewahrsam des Ehegatten des Schuldners dürfe der Zwangsvollstreckung nicht entgegenstehen[64]. Die Nichtbeachtung des lediglich auf der ehelichen

---

60 Vgl. vor allem Beitzke ZZP 68, 241 ff. (247 ff. sub III) mit zahlreichen weiteren Nachweisen; Pohle MDR 1955, 1 ff.

61 Vgl. Beitzke aaO.; Pohle aaO. mit weiteren Nachweisen.

62 Vgl. Arnold MDR 1953, 328; ders. Angewandte Gleichberechtigung § 739 ZPO a.F. Anm. 2, S. 123 f.; Bosch Rpfleger Sonderheft 1954, 49 mit weiteren Nachweisen; Knopp NJW 1953, 1211.

63 Vgl. Beitzke ZZP 68, 241 ff. (248 ff. sub III 2); Pohle MDR 1955, 1 ff. (2 f. sub II 2). Es kann darauf verzichtet werden, diese Begründung hier im einzelnen darzustellen und kritisch zu würdigen, weil der Diskussion insgesamt, nachdem inzwischen der Gesetzgeber gesprochen hat, nur noch historische Bedeutung zukommt.

64 Vgl. Beitze ZZP 68, 241 ff. (251 ff. sub III 3); Pohle MDR 1955, 1 ff. (3 f. sub II 3); ders. ZZP 68, 260 ff. (272 ff. sub III); Reinicke NJW 1953, 681 ff. (684 f. sub VI); Westermann (3. Aufl. 1956) § 20 I, S. 89; LG Ansbach FamRZ 1955, 117 (Nr. 11) [L] = NJW 1955, 228 f. m. Anm. von Reinicke; OLG Celle Nds. Rpfleger 1955, 214 (Nr. 3) = DGVZ 1956, 22 = FamRZ 1956, 121 (Nr. 235); KG Berlin Rpfleger 1957, 415 f. = NJW 1957, 1768 f.; OLG Hamm NJW 1956, 1681 ff. (1681).

Lebensgemeinschaft beruhenden Mitbesitzes und Mitgewahrsams erschien deshalb gerechtfertigt, weil für ihn keiner der Gründe zutrifft, die im Normalfall gebieten, die Pfändung im Gewahrsam oder Mitgewahrsam Dritter stehender Sachen von der Herausgabebereitschaft des Dritten abhängig zu machen[65].

Die Regelung der §§ 808, 809 ZPO soll, wie wir gesehen haben, in erster Linie den Gerichtsvollzieher von der für ihn schwierigen Prüfung der Eigentumsverhältnisse entlasten. Dieser Normzweck steht einer Pfändung beim Ehegatten des Schuldners nicht entgegen, weil nach § 1362 I 1 BGB auch für die in seinem Gewahrsam befindlichen Sachen vermutet wird, daß sie dem Schuldner gehören[66].

Der zweite Gesichtspunkt trifft ebenfalls nicht zu. Für den Normalfall ist es auch dann, wenn die Eigentumsverhältnisse eindeutig sind, geboten, den Dritten vor einem unkontrollierten Verlust seiner Besitzposition zu schützen, weil ihm an Sachen, die dem Schuldner gehören, ein Recht zum Besitz zustehen kann und in der Regel zustehen wird, das dem Recht des pfändenden Gläubigers vorgeht. Bei Sachen, die sich im Gewahrsam oder Mitgewahrsam des Ehegatten eines verheirateten Schuldners befinden, ist das anders. Gewahrsam oder Mitgewahrsam sind hier in der großen Mehrzahl aller Fälle ausschließlich eherechtlich begründet. Das allein auf der ehelichen Lebensgemeinschaft oder dem Unterhaltsanspruch beruhende Besitz- oder Mitbesitzrecht geht aber nach allgemeiner Ansicht regelmäßig dem Recht des pfändenden Gläubigers nach. Dabei wird der Vorrang der Gläubigerrechte vor den Besitzrechten des Ehegatten teilweise allgemein mit dem Hinweis darauf begründet, daß die Ehe auf Teilen in der Not ausgerichtet sei und deshalb ein Ehegatte der Begleichung der Schulden des anderen Ehegatten keine Hindernisse in den Weg legen dürfe[67]. Überzeugender ist die Begründung unter Hinweis auf die Ausgestaltung des Unterhaltsanspruchs. Der Unterhaltsanspruch ist in seinem Umfang notwendig abhängig von der Leistungsfähigkeit des Unterhaltsschuldners. Die Leistungsfähigkeit wird aber genauso notwendig von dem Umfang der vorhandenen Schulden mitbeeinflußt, weil der redliche Schuldner seine und seiner Familie Lebensführung nach seinen Schulden einzurichten und grundsätzlich zuerst für deren Deckung zu sorgen hat. Der sich hieraus zwingend ergebende materiellrechtliche Vorrang der Gläubiger vor dem Ehegatten des Schuldners ist aber nicht nur auf die spezifische Unterhaltspflicht beschränkt; er muß genauso auch für die teilweise in ihren Bereich miteinbezogene, teilweise unmittelbar aus der allgemeinen Verpflichtung zur ehelichen Lebensgemeinschaft abgeleitete Pflicht gelten, dem anderen Ehegatten den Mitgebrauch oder Alleingebrauch bestimmter Sachen zu gestatten. Die der so

---

65 Vgl. oben I.

66 So richtig Beitzke ZZP 68, 241 ff. (253 sub III 3a).

67 Vgl. Pohle MDR 1955, 1 ff. (1 sub II 1).

begründeten Mitbesitz- oder Besitzposition entsprechenden Besitzrechte stehen damit bereits ihrem Wesensgehalt nach im Rang hinter den Rechten pfändender Gläubiger[68]. Dementsprechend ist es aber gerechtfertig, den unmittelbaren Eingriff in den Gewahrsam des nicht schuldenden Ehegatten auch ohne dessen Herausgabebereitschaft zu gestatten und es ihm zu überlassen, sein Recht im Wege der Drittwiderspruchsklage geltend zu machen, wenn es ausnahmsweise dem des pfändenden Gläubigers vorgeht, weil es nicht eherechtlich begründet ist, sondern auf einem besonderen Titel beruht[69].

Was für die beiden ersten der Regelung der §§ 808, 809 ZPO zugrundeliegenden Gesichtspunkte gilt, trifft schließlich auch für den dritten und letzten zu. Soweit mit der Vorschrift des § 809 ZPO das Ziel verfolgt

---

68 So vor allem Beitzke ZZP 68, 241 ff. (245 sub II); im wesentlichen ebenso Pohle ZZP 68, 260 ff. (267 f. sub II 1). Im Ansatz stimmt auch Kremer mit dieser Auffassung überein; er geht ebenfalls davon aus, daß der Ehegatte eines verheirateten Schuldners sich grundsätzlich nicht auf seinen ausschließlich eherechtlich begründeten Mitbesitz als formelles Vollstreckungshindernis berufen kann. Nach seiner Auffassung verdient aber dieser Grundsatz für die Pfändung von Hausratsgegenständen eine Einschränkung. Hier soll der Ehegatte geltend machen können, ihre Bereitstellung für den gemeinsamen Haushalt halte sich im Rahmen der dem Vollstreckungsschuldner obliegenden Unterhaltsverpflichtung, so daß er bei der Durchführung der Zwangsvollstreckung zu Unrecht in seinem Besitzrecht beeinträchtigt werde. Mit dieser Einschränkung könne und müsse erreicht werden, daß eine Vollstreckung in den Hausrat erst dann in Betracht komme, wenn alle sonstigen zumutbaren Befriedigungsmöglichkeiten des Gläubigers erschöpft seien; vgl. FamRZ 1954, 186 ff. (187) sowie Besitz- und Besitzberechtigung der Ehegatten an Hausrat und Ehewohnung, S. 86 ff. u. 114 ff. Die Auffassung von Kremer hat sich mit Recht nicht durchgesetzt. Soweit der Hausrat als die materielle Grundlage des Familienlebens einen besonderen Schutz gegenüber den vollstreckenden Gläubigern verdient, ist dieser Schutz durch die gesetzlichen Pfändungsverbote des § 811 ZPO gewährleistet; insoweit bedarf es keines Rückgriffs auf das eherechtlich begründete Besitz- oder Mitbesitzrecht des nichtschuldenden Ehegatten. Über den durch die gesetzlichen Pfändungsverbote gewährleisteten Schutz hinaus besteht aber grundsätzlich kein anerkennenswertes Interesse für den Ehegatten des Schuldners, den Gläubiger oder den in seinem Auftrag handelnden Gerichtsvollzieher in dem ihnen zustehenden Wahlrecht zu beschränken, welche von mehreren pfändbaren Sachen beschlagnahmt oder welche von mehreren sonstigen Vollstreckungsmöglichkeiten ausgenutzt werden sollen. Ebenso vor allem Pohle ZZP 68, 260 ff. (270 f. sub II 1), der mit Recht betont, daß das Interesse des Gläubigers, die einmal begonnene Vollstreckung durchzuführen, schon deshalb höher zu bewerten ist als das Interesse des Ehegatten des Schuldners an einer Verwertung anderer Sachen, weil jeder Wechsel im Vollstreckungsgegenstand notwendig die Befriedigung verzögert, damit zugleich neue, möglicherweise letztlich doch dem Gläubiger zur Last fallende Kosten verursacht und schließlich u.U. noch in einer Sackgasse endet. Im wesentlichen ebenso Beitzke ZZP 68, 241 ff. (246 sub II).

69 Pohle weist mit Recht darauf hin, daß die Ehe die Ehegatten nicht hindern kann, wie andere Rechtsgenossen in bürgerlichrechtliche Beziehungen zu treten, die von der Ehe unabhängig sind; sie können sich z.B. Sachen gegenseitig vermieten. Der auf einem solchen besonderen Titel beruhende Besitz oder Mitbesitz des Ehegatten ist dann aber grundsätzlich genauso zu bewerten wie der Mitbesitz jedes anderen Dritten; vgl. ZZP 68, 260 ff. (271 sub II 2); ders. MDR 1955, 1 ff. (1 sub II 2). Ebenso Beitzke ZZP 68, 241 ff. (244 ff. sub II b).

wird, niemanden vollstreckungsrechtlichem Zwang auszusetzen, solange kein gegen ihn gerichteter Titel vorliegt, soll damit der Gefahr der Willkür vorgebeugt werden. Bei dem direkten Eingriff in den Gewahrsam des Ehegatten eines verheirateten Schuldners besteht eine solche Gefahr nicht. Der Ehegatte des Schuldners ist kein beliebiger Dritter; das zeigt sich schon daran, daß umgekehrt wie im Normalfall seine Rechte denen des Gläubigers regelmäßig nachgehen. Im übrigen ist Beitzke zuzustimmen, wenn er in diesem Zusammenhang auf die für den Ehegatten des Schuldners wesentlich einschneidendere, im Interesse des Gläubigers aber unentbehrliche Vorschrift des § 1362 I 1 hinweist. Die Eigentumsvermutung des § 1362 I 1 BGB zwingt den Ehegatten regelmäßig dazu, sein Eigentum im Wege der Drittwiderspruchsklage geltend zu machen; unter diesen Umständen wäre es nicht gerechtfertigt, dem im Verhältnis zum Eigentum wesentlich schwächeren Recht zum Besitz ein größeres Gewicht einzuräumen[70].

III. Die Bestimmung des § 739 ZPO

Das Gleichberechtigungsgesetz ist der h.M. im wesentlichen gefolgt. Nach § 739 ZPO gilt, soweit zugunsten der Gläubiger eines Ehemannes oder der Gläubiger einer Ehefrau gemäß § 1362 BGB vermutet wird, daß der Schuldner Eigentümer beweglicher Sachen ist, unbeschadet der Rechte Dritter, für die Durchführung der Zwangsvollstreckung nur der Schuldner als Gewahrsamsinhaber und Besitzer. Die Vorschrift des § 739 ZPO ist damit eine lex specialis gegenüber der Bestimmung des § 809 ZPO. Sie stellt sicher, daß der Ehegatte, gegen den kein Titel vorliegt, entgegen der Bestimmung des § 809 ZPO allein aufgrund des ihm zustehenden Mitgewahrsams der Pfändung von Sachen, die dem Schuldner gehören oder für die jedenfalls nach § 1362 BGB vermutet wird, daß sie ihm gehören, nicht entgegentreten kann.

IV. Der Terminologiestreit

Die auf den ersten Blick so klare und eindeutige Bestimmung ist im einzelnen sehr umstritten. Ohne praktische Bedeutung und damit von rein theoretischem Interesse ist die in Literatur und Rechtsprechung unterschiedlich beurteilte Frage, ob § 739 ZPO eine Fiktion oder eine unwiderlegliche gesetzliche Vermutung enthält.

Die wohl h.M. begreift die in § 739 ZPO getroffene Regelung dem Wortlaut der Bestimmung folgend als eine Fiktion: Für die Fälle, für die die Vermutung des § 1362 BGB eingreife, werde hinsichtlich der Durchführung der Zwangsvollstreckung fingiert, daß nur der Schuldner Gewahrsamsinhaber und

70 Vgl. Beitzke ZZP 68, 241 ff. (254 sub III 3 c).

Besitzer sei[71]. Demgegenüber vertritt eine Minderheit die Auffassung, es handele sich um eine unwiderlegliche gesetzliche Vermutung[72].

Für die Unterscheidung zwischen Fiktion und unwiderlegliche Vermutung kann auf den jeweiligen Wortsinn zurückgegriffen werden. Die Fiktion regelt eine Sachlage, bei der die fingierte Tatsache grundsätzlich nicht vorliegt; sie „besteht in der gewollten Gleichsetzung eines als ungleich Gewußten – mitunter auch in der Ungleichsetzung eines als gleich Gewußten"[73]. Die unwiderlegliche Vermutung soll dagegen sowohl die Fälle des Vorliegens als auch die Fälle des Nichtvorliegens der vermuteten Tatsache erfassen; sie kann sogar darauf zurückgehen, daß das Vorliegen der vermuteten Tatsache den Regelzustand darstellt[74]. Daß die Tragweite einer solchen Unterscheidung gering ist, bedarf keiner näheren Erläuterung. Sie ist dazu geeignet, Aufschluß über das gesetzliche Motiv für die eine oder die andere Regelung zu geben; auf den Inhalt der jeweiligen Rechtssätze hat sie keinen Einfluß. Die unwiderlegliche Vermutung bleibt, obwohl sie die Form und möglicherweise den der Vermutung zugrundeliegenden Erfahrungssatz mit der widerleglichen Vermutung gemeinsam hat, ihrem Wesen und ihrer Wirkung nach eine Fiktion[75].

Der Wortlaut der Bestimmung des § 739 ZPO legt es nahe, in ihr eine Fiktion zu sehen. Die Tatsache, daß der Gesetzgeber formuliert hat, der Schuldner habe als Gewahrsamsinhaber und Besitzer zu gelten, deutet nach dem üblichen Sprachgebrauch des Gesetzes auf eine normale Fiktion und nicht auf die Sonderform der unwiderleglichen Vermutung hin. Nach der oben getroffenen Unterscheidung ist dieser Schluß aber auch sachlich gerechtfertigt. Es ist nicht ausgeschlossen, daß im Einzelfall der Ehegatte des Schuldners einmal keinen Gewahrsam an den Sachen des Schuldners hat; der Regelfall liegt, wie wir gesehen haben, umgekehrt. Gerade diesem Regelfall aber will der Gesetzgeber mit der in § 739 ZPO getroffenen Regelung begegnen. Sinn und Zweck der Vorschrift bestehen darin, die Konsequenzen zu vermeiden, die sich aus diesem Regelzustand ohne eine solche

---

71 Vgl. Dölle § 44 II 1 d, S. 688; Gernhuber § 22 II 5, S. 194; Erman-Bartholomeyczik § 1362 Bem. 2; Staudinger-Hübner § 1362 Rdnr. 14; Schönke-Baur § 14 II 2, S. 66; ders. FamRZ 1958, 252 ff. (253 sub I 1); Beitzke ZZP 68, 241 ff. (260); Berner Rpfleger 1958, 201 ff. (203 f. sub VI); Boennecke NJW 1959, 1260 f,; Lent ZZP 70, 401 ff. (404 sub II 2); Reinicke Betr. 1965, 961 ff. (961 sub A 2); Weirich NJW 1959, 1478; Weber Rpfleger 1959, 179 f.

72 Vgl. Hoche § 4 A, S. 59; Lent-Jauernig § 17 II, S. 55; Krüger-Breetzke-Nowack (Breetzke) § 739 Anm. 1; Stein-Jonas-Schönke-Pohle § 739 II, vgl. aber anders § 808 II 3; Thomas-Putzo § 739 Anm. 3; Hanke DGVZ 1962, 136 f.; Mümmler DGVZ 1963, 101 ff.; Rittner FamRZ 1961, 185 ff. (193 Fußn. 106); AG Merzig DGVZ 1961, 14; LG Essen NJW 1962, 2307 f.; OLG Bamberg FamRZ 1962, 391 ff. (392).

73 So Larenz aaO., S. 166; ebenso Leipold § 7 V, S. 102 ff. (103)

74 So richtig Leipold aaO.; ebenso Larenz aaO., S. 170 Fußn. 1.

75 Vgl. Larenz aaO.; Leipold aaO.; Rosenberg, Beweislast § 15, S. 213 f.

Sonderbestimmung nach den allgemeinen Vorschriften der §§ 808, 809 ZPO für die Zwangsvollstreckung gegen Ehegatten ergeben würden. Gerade weil der Ehegatte in aller Regel wenigstens Mitgewahrsam an den Sachen des Schuldners hat, aufgrund seines Gewahrsams aber im Interesse der Gläubiger nicht gegen die Zwangsvollstreckung vorgehen dürfen soll, wird er rechtlich so behandelt, als hätte er keinen Gewahrsam an den Sachen. Es ist deshalb mit der h.M. davon auszugehen, daß § 739 ZPO eine normale gesetzliche Fiktion und keine unwiderlegliche Vermutung enthält[76].

V. Rechtsbehelfe gegen die Pfändung von Sachen aufgrund der Bestimmungen der §§ 1362 BGB/739 ZPO

1. Nicht nur rein theoretischer Natur, sondern von eminent praktischer Bedeutung ist dagegen der Streit darüber, welche Konsequenzen sich aus der Koppelung von Eigentumsvermutung und Gewahrsamsfiktion ergeben für den Fall, daß sich der Ehegatte des Schuldners auf sein Eigentum an den gepfändeten Sachen beruft und die Vermutung der § 1362 I 1 BGB auch zu widerlegen vermag.
Folgendes Beispiel mag die Problematik veranschaulichen:

> G, ein Gläubiger des Ehemannes M, hat gegen diesen einen vollstreckbaren Titel auf Zahlung von 2.000 DM erwirkt. Im Auftrag des G will der Gerichtsvollzieher V eine etwa gleichwertige Briefmarkensammlung pfänden, die er in der Ehewohnung vorfindet. Die Ehefrau F macht gegenüber der Pfändung geltend, die Briefmarkensammlung sei ihr alleiniges Eigentum; sie habe sie bereits mit in die Ehe gebracht; V pfändet dennoch. Welche Rechtsbehelfe stehen F gegen die Pfändung zu?

Die Ehefrau F kann unter Berufung auf ihr Eigentum Drittwiderspruchsklage nach § 771 ZPO erheben. Sie kann in diesem Verfahren die Vermutung des § 1362 I 1 BGB widerlegen und damit erreichen, daß die Zwangsvollstreckung für unzulässig erklärt wird. Das ist unproblematisch. Problematisch und höchst umstritten ist dagegen die Frage, ob F das gleiche Ziel auch mit der Erinnerung nach § 766 ZPO erreichen kann, ob sie also durch Widerlegung der Eigentumsvermutung im Erinnerungsverfahren zugleich auch die Gewahrsamsfiktion ausräumen und so, gestützt auf die Verletzung ihres Gewahrsams oder Mitgewahrsams, die Aufhebung der Pfändung bewirken kann.

---

76 Ebenso Reinicke Betr. 1965, 961 ff. (961 sub A 2).

Die Frage wird von einer starken Meinung in der Literatur und teilweise auch in der Rechtsprechung positiv entschieden[77]. Zur Begründung wird im wesentlichen folgendes ausgeführt: Mit der Erinnerung nach § 766 ZPO wende sich der Schuldner oder ein Dritter gegen die Art und Weise der Zwangsvollstreckung. Ein Dritter könne insbesondere geltend machen, daß sich die gepfändete Sache nicht im Gewahrsam des Schuldners, sondern in seinem Gewahrsam befunden habe und er zur Herausgabe der Sache nicht bereit sei. Eine Parallelität zwischen Erinnerung und Widerspruchsklage komme nach allgemeinen Grundsätzen dann in Betracht, wenn dem dritten Gewahrsamsinhaber gleichzeitig ein die Veräußerung hinderndes Recht im Sinne des § 771 ZPO zustehe. Im vorliegenden Fall ergebe sich eine solche Überlagerung der Drittwiderspruchsklage durch das Erinnerungsverfahren aus der Koppelung von Eigentumsvermutung und Gewahrsamsfiktion. Wenn der Ehegatte des Schuldners die Eigentumsvermutung des § 1362 I 1 BGB widerlege, entfalle damit zugleich die an sie gebundene Gewahrsamsfiktion des § 739 ZPO. Das aber müsse zur Folge haben, daß der Ehegatte des Schuldners im Erinnerungsverfahren sein Eigentum beweisen und damit die Gewahrsamsfiktion ausräumen und die Aufhebung der Pfändung bewirken könne. Er brauche nicht den Weg der Drittwiderspruchsklage zu gehen.

Die vorgetragene Auffassung vermag nicht zu überzeugen.

Bedenken bestehen schon deshalb, weil die Vertreter dieser Auffassung übereinstimmend davon ausgehen, der Ehegatte des Schuldners könne bereits gegenüber dem Vollstreckungsorgan die Vermutung des § 1362 I 1 BGB widerlegen und damit zugleich der an sie anknüpfenden Gewahrsamsfiktion des § 739 ZPO die Grundlage entziehen[78].

Das würde bedeuten, daß dem Gerichtsvollzieher bei der Zwangsvollstreckung gegen Ehegatten weitgehend eine Prüfung der Eigentumsverhältnisse obläge;

---

77 Vgl. Baur FamRZ 1958, 252 ff. (253 sub I 1 b); ders. Schönke-Baur § 17 II 2 a, S. 75; Beitzke § 11 VI 6, S. 63; Boennecke NJW 1959, 1260 f. (1260); Erman-Bartholomeyczik § 1362 Bem. 3 d; Gernhuber § 22 II 6, S. 194 f.; Krüger-Breetzke-Nowack (Breetzke) § 739 Rdnr. 2; Noack DGVZ 1960, 56 ff. (59 sub II 3); Staudinger-Hübner § 1362 Rdnr. 17; Weber Rpfleger 1959, 179 f. (180 sub II 5); AG Merzig DGVZ 1961, 14; OLG Stuttgart Die Justiz 1963, 143 f. = FamRZ 1963, 297 [L].

78 Vgl. Boennecke NJW 1959, 1260 f.; Erman-Bartholomeyczik § 1362 Bem. 3 d; Gernhuber § 22 II 6, S. 194 f.; Krüger-Breetzke-Nowack (Breetzke) § 739 Rdnr. 2; Noack DGVZ 1960, 56 ff. (59 sub II 3); Staudinger-Hübner § 1362 Rdnr. 17; Weber Rpfleger 1959, 179 f. (180 sub II 5); OLG Stuttgart Die Justiz 1963, 143 f. = FamRZ 1963, 279 [L]; AG Merzig DGVZ 1961, 14; unklar Baur FamRZ 1958, 252 ff. (253 sub I 1 b). Er ist grundsätzlich der Ansicht, daß sich der Gerichtsvollzieher nach der in den §§ 1362 BGB/739 ZPO getroffenen Regelung bei der Pfändung beweglicher Sachen nicht mehr um den Gewahrsam des Schuldners zu kümmern braucht, sondern lediglich die Besitzlage zu beachten hat (so auch Schönke-Baur § 17 II 2 a S. 75); trotz § 739 ZPO soll aber der Gerichtsvollzieher nicht pfänden dürfen, wenn ihm gegenüber die Vermutung des § 1362 I 1 BGB widerlegt wird (so FamRZ 1958 a.a.O. sub I 1 b aa).

bei jeder Pfändung müßte er entscheiden, ob der ihr widersprechende Ehegatte die Eigentumsvermutung des § 1362 I 1 BGB widerlegt hat[79].

Mit einer solchen materiellrechtlichen Prüfung wäre der Gerichtsvollzieher überfordert. Er hat nicht die sachliche und fachliche Qualifikation, vor allem aber fehlen ihm die verfahrensrechtlichen Möglichkeiten, um die oft schwierigen Eigentumsfragen mit hinreichender Sicherheit richtig entscheiden zu können. Die allgemeine Vorschrift des § 808 ZPO trägt dem Rechnung, indem sie für die Pfändung beweglicher Sachen an den Gewahrsam und nicht an das Eigentum des Schuldners anknüpft. Mehr als die Prüfung, ob sich die zu pfändenden Sachen im tatsächlichen Herrschaftsbereich des Schuldners befinden, kann dem Gerichtsvollzieher grundsätzlich nicht zugemutet werden. Für den Sonderfall der Zwangsvollstreckung gegen Ehegatten kann nichts anderes gelten. Die Vorschrift des § 739 ZPO soll dem Gerichtsvollzieher die Entscheidung in diesem tatsächlichen Bereich erleichtern und damit zugleich eine bessere und vor allem schnellere Durchsetzbarkeit der Zwangsvollstreckung gegen Ehegatten gewährleisten. Sie würde in ihr Gegenteil verkehrt, wollte man den Gerichtsvollzieher stattdessen mit der ungleich schwierigeren materiellrechtlichen Prüfung belasten. Einem vorsichtigen Gerichtsvollzieher gegenüber wären die Gläubiger von verheirateten Schuldnern u.U. darauf angewiesen, die Durchführung der Zwangsvollstreckung in bestimmte Gegenstände mit der Erinnerung zu erzwingen. Ein solches Verfahren wäre, von den Risiken, die es für die Gläubiger in sich bergen würde, einmal ganz abgesehen, für das Vollstreckungsorgan genau so unerfreulich wie für die Gläubiger selbst.

Die in § 739 ZPO getroffene Regelung muß deshalb dahin verstanden werden, daß der Gerichtsvollzieher grundsätzlich bei einer Zwangsvollstreckung gegen nicht getrennt lebende Ehegatten bewegliche Sachen pfänden darf, ohne auf den Gewahrsam des Schuldners achten zu müssen. Ist ein Ehegatte Besitzer oder sind es beide gemeinsam, dann hat er, soweit nicht die Voraussetzungen des § 1362 II BGB vorliegen, zu pfänden, gleichgültig, welcher von den beiden Ehegatten Schuldner ist. Einwände des Ehegatten des Schuldners hat er nicht zu berücksichtigen, auch dann nicht, wenn der Ehegatte die Verletzung seines Gewahrsams mit dem Nachweis zu begründen versucht, daß die zu pfändende Sache nicht dem Schuldner, sondern ihm gehört[80].

Aus der Tatsache, daß das Vorgehen des Gerichtsvollziehers, wenn er unter Berufung auf die Vorschriften der §§ 1362 I 1 BGB/739 ZPO eine bewegliche Sache pfändet, verfahrensrechtlich nicht zu beanstanden ist, folgt noch nicht zwingend, daß es dem Ehegatten des Schuldners auch verwehrt ist, die Verletzung seines Gewahrsams mit der oben angeführten Begründung im Erinnerungsverfahren geltend zu machen.

---

79 So ausdrücklich Boennecke a.a.O.

80 Ebenso Palandt-Lauterbach § 1362 Anm. 4; Reinicke Betr. 1965, 961 ff. (962 sub A 3); Mümmler DGVZ 1963, 101 ff.; LG Essen NJW 1962, 2307 f. und DGVZ 1963, 103 f. = FamRZ 1963, 650 [L].

Sinn und Zweck des Rechtsinstituts der Vollstreckungserinnerung bestehen darin, eine umfassende Kontrolle der Tätigkeit der Vollstreckungsorgane durch das Vollstreckungsgericht zu gewährleisten. Das Erinnerungsverfahren erschöpft sich aber nicht darin, fehlerhaft durchgeführte Handlungen des Vollstreckungsorgans zu beanstanden und für unzulässig zu erklären; entscheidend ist vielmehr die Prüfung, ob die Voraussetzungen für die Aufrechterhaltung und Weiterführung der getroffenen Vollstreckungsmaßnahmen unter den im Entscheidungszeitpunkt gegebenen Umständen noch bejaht werden können[81].

Unter diesen Umständen erscheint es denkbar, im Erinnerungsverfahren die Widerlegung der Eigentumsvermutung des § 1362 I 1 BGB mit den sich daraus i.S. der oben dargestellten Auffassung für den Ehegatten des Schuldners ergebenden positiven Folgen zuzulassen, ohne in den dogmatischen Widerspruch zu geraten, ein und dieselbe Vollstreckungshandlung des Gerichtsvollziehers ohne jede Änderung der Rechts- und Sachlage zunächst als verfahrensrechtlich untadelig, später aber für unzulässig zu erklären. Es könnte, gerade im Interesse einer besseren und vor allem schnelleren Durchsetzbarkeit der Zwangsvollstreckung durchaus sinnvoll sein, den Gerichtsvollzieher bei der Vornahme der Vollstreckungshandlung, nicht aber das Vollstreckungsgericht im Erinnerungsverfahren von der Prüfung zu entbinden, ob es dem Ehegatten des Schuldners gelungen ist, die Eigentumsvermutung des § 1362 I 1 BGB zu widerlegen und damit die an sie anknüpfende Gewahrsamsfiktion des § 739 ZPO auszuräumen. Die Zulassung des Erinnerungsverfahrens für die Entscheidung dieser Frage verbietet sich aber aus anderen, im Wesen dieses Verfahrens begründeten Überlegungen.

Nach der Regelung der ZPO ist das Vollstreckungsgericht in funktioneller, also ausschließlicher Zuständigkeit berufen, auf Erinnerung hin über Einwendungen zu entscheiden, die sich gegen das Verfahren der Zwangsvollstreckung richten; für die Entscheidung über die Vollstreckungsgegenklage, mit der der Schuldner Einwendungen gegen den vollstreckbaren Anspruch, und die Drittwiderspruchsklage, mit der ein Dritter ein der Zwangsvollstreckung in einen bestimmten Gegenstand entgegenstehendes

---

81 Die hiermit angeschnittene Frage nach dem Streitgegenstand der Vollstreckungserinnerung ist bisher vor allem unter dem Gesichtspunkt behandelt worden, ob auch noch nach Durchführung der angefochtenen Vollstreckungsmaßnahmen neu eintretende Umstände bei der Entscheidung über die Erinnerung zu berücksichtigen sind. Für diesen Sonderfall wird sie inzwischen zunehmend bejaht. So wird z.B. mit Recht immer mehr die Auffassung vertreten, daß es für die Unpfändbarkeit einer Sache nach § 811 ZPO nicht allein auf die Verhältnisse des Schuldners im Zeitpunkt des Pfändungsaktes ankommt, sondern auch noch eine erst nachträglich eingetretene Verschlechterung seiner wirtschaftlichen Lage bei der Entscheidung über die Erinnerung berücksichtigt werden soll. Zum Stand der Meinungen vgl. Bähr, Die maßgebliche Rechts- und Sachlage für die gerichtliche Beurteilung von Verwaltungsakten S. 83 f.; weiterhin Säcker NJW 1966, 2345 ff. (insbes. 2347). Die für diese spezielle Problematik gewonnenen Erkenntnisse können aber unbedenklich verallgemeinert werden.

Recht geltend machen kann, ist das Prozeßgericht funktionell zuständig. Die damit gesetzlich vorgesehene Aufteilung der Funktionen zwischen Vollstreckungsgericht und Prozeßgericht ist nicht zufällig. Mit der Funktionsteilung verfolgt das Gesetz den Zweck, bestimmte Sachfragenkomplexe einem bestimmten Gericht mit einer den zu entscheidenden Sachfragen adäquaten Verfahrensordnung zuzuweisen[82].

Das dem Vollstreckungsgericht zugewiesene Erinnerungsverfahren zeichnet sich durch eine besondere Beweglichkeit und Schnelligkeit aus. Es ist formlos, in aller Regel nicht mündlich und nicht öffentlich. Dementsprechend ist es aber notwendig summarisch und deshalb nicht geeignet, materiellrechtliche Fragen zu prüfen. Die Prüfung der Eigentumsverhältnisse an der gepfändeten Sache ist dem Erinnerungsverfahren genau so wesensfremd wie dem Vollstreckungsverfahren überhaupt, in dem nach der Regelung der ZPO im Interesse einer größeren Schnelligkeit und Durchschlagskraft die der Zwangsvollstreckung zugrundeliegenden materiellen Rechtsverhältnisse außer acht gelassen und eigene prozessuale Erfordernisse aufgestellt werden. Sie gehört in das Erkenntnisverfahren, das aufgrund seiner Verfahrensgestaltung eine größere Gewähr für eine richtige Entscheidung bietet[83].

Es besteht kein Anlaß, im vorliegenden Fall von dieser gesetzlichen Funktionsteilung und Verfahrensgestaltung abzugehen und dem Vollstreckungsgericht im Erinnerungsverfahren die Entscheidung über Fragen zu ermöglichen, für die grundsätzlich das Prozeßgericht im Wege der Drittwiderspruchsklage zuständig ist. Die Tatsache, daß die Eigentumsverhältnisse an der gepfändeten Sache nur als Vorfrage für den Nachweis eines verfahrensrechtlichen Fehlers geprüft werden sollen, bedeutet keine eine solche Systemwidrigkeit rechtfertigende Besonderheit. Andererseits geschieht dem Ehegatten des Schuldners, wenn man ihn zur Wahrung seiner Rechte an der gepfändeten Sache ausschließlich auf die Drittwiderspruchsklage verweist, kein Unrecht. Der mögliche Nachteil, der ihm dadurch entsteht, daß er gezwungen ist, statt des formlosen Erinnerungsverfahrens das formelle Verfahren der Drittwiderspruchsklage anzustrengen, wird durch den Vorteil aufgewogen, daß ihm dieses Verfahren die größere Gewähr bietet, zu einer richtigen Entscheidung zu kommen.

Die hier aus dem System des Vollstreckungsrechts entwickelte prozessuale Lösung steht zugleich im Einklang mit einer sinnvollen Auslegung der in § 739 ZPO getroffenen Regelung.

Die Vorschrift des § 739 ZPO regelt die Frage, inwieweit der Gewahrsam oder Mitgewahrsam des Ehegatten des Schuldners bei der Zwangsvollstreckung in bewegliche Sachen geschützt werden soll. Diese Frage wird durch § 739 ZPO in vollem Umfang verneint, gleichgültig, ob der Gewahrsam oder Mitgewahr-

82 So mit Recht Lüke JuS 1962, 418 ff. (421 sub II).

83 Ebenso Lüke NJW 1954, 1316 f.

sam allein auf der ehelichen Lebensgemeinschaft beruht oder ob er deshalb zu bejahen ist, weil der Gewahrsamsinhaber zugleich der Eigentümer der Sachen ist. Soweit der Gerichtsvollzieher unter Berufung auf § 739 ZPO pfändet, kommt es nicht darauf an, ob der Ehegatte des Schuldners die Eigentumsvermutung des § 1362 BGB zu widerlegen vermag. Die Gewahrsamsfiktion greift vielmehr immer dann ein, wenn die tatbestandlichen Voraussetzungen vorliegen, an die die Eigentumsvermutung anknüpft. Anders ausgedrückt: „§ 739 ZPO knüpft an § 1362 BGB an, hat aber nicht das vermutete Eigentum zur Grundlage, sondern das in § 1362 BGB enthaltene Rechtsinstitut der Eigentumsvermutung"[84]. Mit den Worten des Gesetzes: „Wird zugunsten der Gläubiger eines Ehemannes oder der Gläubiger einer Ehefrau gemäß § 1362 BGB vermutet, daß der Schuldner Eigentümer beweglicher Sachen ist . . ." ist gemeint: „Liegen die Voraussetzungen vor, an die § 1362 BGB die Entstehung der Eigentumsvermutung knüpft . . ."[85].

Die damit als richtig erkannte Auffassung führt zu dem Ergebnis, daß der Ehegatte des Schuldners aus seinem Gewahrsam grundsätzlich keine Rechte herleiten kann; er hat allein das Recht, sich aufgrund seines Eigentums mit der Drittwiderspruchsklage gegen die Zwangsvollstreckung zu wenden. Nur diese Interpretation wird dem Sinn und Zweck des § 739 ZPO gerecht, die Gläubiger vor den Nachteilen zu bewahren, die ihnen aus der besonderen Wirklichkeit der ehelichen Lebensgemeinschaft drohen[86].

---

84 So zutreffend LG Essen NJW 1962, 2307 f.

85 So richtig Reinicke aaO.

86 So vor allem Reinicke aaO.; LG Essen aaO. und DGVZ 1963, 103 f. = FamRZ 1962, 650 [L]. Die gleiche Auffassung ist bereits vor Einführung des Gleichberechtigungsgesetzes de lege ferenda von Beitzke vertreten worden; vgl. ZZP 68, 241 ff. (260 sub IV 5); dagegen jetzt Lehrbuch § 11 VI 6, S. 63. Im übrigen ist diese Auffassung h.M. Vgl. Dölle § 44 II 1 d, S. 688 f.; Baumbach-Lauterbach § 739 Anm. 2 A; Palandt-Lauterbach § 1362 Anm. 4; Rosenberg § 191 I 1 a, S. 1000; Stein-Jonas-Schönke-Pohle § 739 Anm. III 2; Thomas-Putzo § 739 Bem. 4; Zöller-Scherübl § 739 Anm. 2; Bosch FamRZ 1957, 189 ff. (194 sub V e); Finke MDR 1957, 449 ff. (454 sub 11); Haegele Die Justiz 1958, 121 f., 140 ff. (142 sub II 1); Lent ZZP 70, 401 ff. (404 sub II 2); Massfeller DNotZ 1957, 342 ff. (353 f. sub II 8); ders. Betr. 1957, 1145 f. (1145 sub I); W. Müller JR 1963, 366 ff. (370 sub III 3); Schulin DRiZ 1959, 76 ff. (78 sub VII); Weirich NJW 1959, 1478; OLG Bamberg FamRZ 1962, 391; LG Nürnberg-Fürth DGVZ 1963, 101 mit zust. Anm. von Mümmler. Von der Frage, ob der Ehegatte des Schuldners mit Rücksicht auf seinen Gewahrsam oder Mitgewahrsam an den gepfändeten Sachen Erinnerung einlegen kann, ist die Frage zu trennen, ob er unter Berufung auf sein Recht zum Besitz oder Mitbesitz an Sachen, die dem Schuldner gehören, im Falle einer Pfändung die Interventionsklage erheben kann. Soweit das Recht zum Besitz überhaupt Grundlage für eine Drittwiderspruchsklage nach § 771 ZPO sein kann – vgl. zu den Einzelheiten Pohle ZZP 68, 260 ff. (262 ff. sub I) –, muß die Frage für das lediglich auf der ehelichen Lebensgemeinschaft beruhende Recht zum Besitz oder Mitbesitz verneint werden. Insoweit hat sich durch die Einführung des Gleichberechtigungsgesetzes gegenüber der schon vorher allgemein anerkannten Rechtslage keine Änderung ergeben; vgl. dazu ausführlich oben Fußnote 68. Ob für diese Auffassung unmittelbar aus dem Wortlaut des § 739 ZPO, der neben dem Gewahrsam auch den Besitz nennt, ein zusätzliches

In dem eingangs angeführten Beispielfall kann also Ehefrau F nur mit der Drittwiderspruchsklage nach § 771 ZPO unter Berufung auf ihr Eigentum an der Briefmarkensammlung gegen die Vollstreckung vorgehen.

2. Die im vorhergehenden vertretene Auffassung läßt die Frage offen, ob der Ehegatte des Schuldners in jedem Fall auf die Drittwiderspruchsklage nach § 771 ZPO beschränkt bleibt, auch dann, wenn es offensichtlich ist, daß die gepfändeten Sachen ihm gehören.

Bei der Zwangsvollstreckung in bewegliche Sachen wegen Geldforderungen ist, soweit der Schuldner nicht verheiratet ist, allgemein anerkannt, daß der Gerichtsvollzieher nach § 808 ZPO zwar grundsätzlich der Prüfung enthoben ist, ob die für die Pfändung in Betracht kommenden Gegenstände zum Vermögen des Schuldners gehören oder nicht, daß aber von diesem Grundsatz dann eine Ausnahme zu gelten hat, wenn – wie der Bundesgerichtshof formuliert hat[87] – „bereits für den Gerichtsvollzieher nach Lage der Dinge vernünftigerweise überhaupt kein Zweifel daran bestehen kann", daß die Sachen einem anderen gehören. Hat z.B. ein Gläubiger einen Titel gegen einen Handwerker erwirkt, so kann der Gerichtsvollzieher nicht Sachen pfänden, die sich bei dem Handwerker zur Reparatur befinden. Der Handwerker hat ohne Zweifel Alleingewahrsam an diesen Sachen; da aber offensichtlich ist, daß sie ihm nicht gehören, wäre es mißbräuchlich, sie unter Berufung auf § 808 ZPO zu pfänden. Der Dritte kann deshalb in diesen Fällen, wenn dennoch gepfändet wird, bereits nach § 766 ZPO gegen die Art und Weise der Zwangsvollstreckung vorgehen; er ist nicht darauf angewiesen, sein Recht im Wege der Drittwiderspruchsklage nach § 771 ZPO geltend zu machen[88].

Diese allgemeinen Prinzipien müssen auch für die Zwangsvollstreckung gegen einen Ehegatten gelten, weil es grundsätzlich keinen Unterschied machen kann, ob die gepfändeten Sachen einem beliebigen Dritten oder dem Ehegatten des Schuldners gehören. Es handelt sich hierbei um eine Einschränkung des in § 808 ZPO aufgestellten Grundsatzes, das Vollstreckungsorgan habe nur auf den Gewahrsam zu achten, nicht aber um eine Auslegung des § 739 ZPO. Der Ehegatte wendet sich in einem solchen Fall – wie jeder

Argument gewonnen werden kann, erscheint zweifelhaft; so aber Reinicke Betr. 1965, 961 ff. (961 sub A 2). Soweit dagegen das Recht zum Besitz durch ein besonderes Rechtsgeschäft zwischen den Ehegatten begründet worden ist, kann es grundsätzlich als ein die Veräußerung hinderndes Recht i.S. des § 771 ZPO in Betracht kommen; vgl. auch dazu ausführlich oben Fußnote 69. Allerdings wird das nur selten praktisch werden, weil in diesen Fällen regelmäßig schon die Vermutung des § 1362 I 1 BGB nicht zugunsten der Gläubiger sprechen wird mit der Folge, daß § 739 ZPO überhaupt nicht anwendbar ist und so der Ehegatte des Schuldners sich schon mit der Erinnerung gegen die Vollstreckung wehren kann; vgl. dazu ausführlich unten V 2.

87 Vgl. BGH LM § 808 ZPO Nr. 2

88 Das ist allgemeine Auffassung; vgl. Schönke-Baur § 26 II 2, S. 114; Stein-Jonas-Schönke-Pohle § 808 Anm. I 1; Thomas-Putzo § 808 Bem. 3 a; Zöller-Scherübl § 808 Anm. 1 a; jeweils mit weiteren Beispielen.

beliebige Dritte – dagegen, daß der Gerichtsvollzieher die ihm nach § 808 ZPO zustehende Befugnis, Sachen zu pfänden, die sich im Gewahrsam des Schuldners befinden, mißbraucht hat. Dabei kann es nicht darauf ankommen, ob der Schuldner im Einzelfall nur kraft der Fiktion des § 739 ZPO als alleiniger Gewahrsamsinhaber zu gelten hat oder ob ihm tatsächlich ein solcher Alleingewahrsam zukommt[89].

Eine andere Frage ist, unter welchen Voraussetzungen es als offensichtlich angesehen werden kann, daß die zu pfändenden Sachen dem Ehegatten des Schuldners gehören. In den hauptsächlich dafür in Betracht kommenden Fällen spricht bereits die Vermutung des § 1362 I 1 BGB nicht zugunsten der Gläubiger mit der Folge, daß § 739 ZPO überhaupt nicht anwendbar ist und so die im vorhergehenden für richtig erkannte Auffassung nicht berührt wird.

Nach § 1362 II BGB wird für die ausschließlich zum persönlichen Gebrauch bestimmten Sachen sowohl im Verhältnis der Ehegatten zueinander als auch zu den Gläubigern vermutet, daß sie dem Ehegatten gehören, für dessen Gebrauch sie bestimmt sind. Aus dieser Bestimmung folgt einmal, daß solche Sachen, weil für sie die Vermutung des § 1362 I 1 BGB nicht gilt, nicht unter Berufung auf § 739 ZPO von Gläubigern des Ehegatten gepfändet werden dürfen, zu dessen persönlichem Gebrauch sie nicht bestimmt sind. Aus ihr muß aber darüberhinaus gefolgert werden, daß sie auch dann nicht im Auftrag solcher Gläubiger gepfändet werden dürfen, wenn im Einzelfall der Schuldner – also der Ehegatte, zu dessen persönlichem Gebrauch sie nicht bestimmt sind – tatsächlich Alleingewahrsam an den Sachen hat[90]. Allerdings ergibt sich dies entgegen der von der h.M. einhellig vertretenen Auffassung nicht daraus, daß die Eigentumsvermutung des § 1362 II BGB für die Zwangsvollstreckung durch die Gewahrsamsfiktion des § 739 ZPO derart ergänzt würde, daß der Ehegatte des Schuldners nach § 739 ZPO i.V.m. § 1362 II BGB entgegen der tatsächlichen Gewahrsamslage als alleiniger Gewahrsamsinhaber zu gelten hätte und somit seine Erinnerung kraft der gesetzlichen Gewahrsamsfiktion auf eine Verletzung des § 809 ZPO stützen könnte. Nach § 1362 II BGB wird bei den ausschließlich zum persönlichen Gebrauch eines Ehegatten bestimmten Sachen im Verhältnis zu den Gläubigern vermutet, daß sie dem Ehegatten gehören, für dessen persönlichen Gebrauch sie ausschließlich bestimmt sind. Nach § 739 ZPO gilt, soweit zugunsten der Gläubiger eines Ehemannes oder einer Ehefrau gem. § 1362 BGB vermutet wird, daß der Schuldner Eigentümer beweglicher Sachen ist, für die Durchführung der Zwangsvollstreckung nur der Schuldner als Gewahrsamsinhaber und Besitzer.

89 So richtig Reinicke aaO., S. 963 (sub A 4); im Grundsatz ebenso Noack DGVZ 1960, 56 ff. (57 sub II 1); LG Berlin DGVZ 1961, 139 ff.; AG Bonn MDR 1963, 680 f. = DGVZ 1964, 12.

90 Das ist h.M.; vgl. Dölle § 44 II 2, S. 691; Erman-Bartholomeyczik § 1362 Bem. 4; Staudinger-Hübner § 1362 Rdnr. 27; Schönke-Baur § 17 II 2a, S. 75; ders FamRZ 1958, 252 ff. (254 sub I 4); Weber Rpfleger 1959, 179 f. (180 sub II 4); a.A. nur Stein-Jonas-Schönke-Pohle § 739 Anm. III 1.

Aus dem Zusammenhang der beiden Bestimmungen folgt eindeutig, daß für die ausschließlich zum persönlichen Gebrauch eines Ehegatten bestimmten Sachen die Gewahrsamsfiktion des § 739 ZPO nur insoweit gilt, als nach § 1362 II BGB Eigentum des Vollstreckungsschuldners vermutet wird; sie greift dagegen nicht ein für den Fall, daß nach § 1362 II BGB Eigentum des Ehegatten vermutet wird, der nicht Vollstreckungsschuldner ist[91]. Die Vermutung des § 1362 II BGB ist aber in einem solchen Fall dennoch nicht bedeutungslos; sie schafft vielmehr ein derartig eindeutiges Indiz für das Eigentum des Ehegatten, der nicht Schuldner ist, daß es dem Gerichtsvollzieher verwehrt ist, die Sachen allein unter Berufung auf § 808 ZPO für einen Gläubiger des anderen Ehegatten zu pfänden. Pfändet der Gerichtsvollzieher trotzdem, so kann der Ehegatte des Schuldners mit der Erinnerung gegen die Pfändung vorgehen. Das verkennt Pohle, der davon ausgeht, der Ehegatte des Schuldners könne sein Eigentumsrecht in einem solchen Fall nur im Wege der Drittwiderspruchsklage nach § 771 ZPO geltend machen, weil § 1362 II BGB als bloße Eigentumsvermutung einer Pfändung nicht entgegenstehe, der Gerichtsvollzieher sich vielmehr gemäß § 808 I ZPO nur nach dem Gewahrsam zu richten habe. Die Auffassung Pohles läßt sich auch nicht mit dem Argument rechtfertigen, Sinn und Zweck der Vorschriften der § 1362 BGB/739 ZPO bestünden darin, den Gläubigern von Ehegatten die Zwangsvollstreckung zu erleichtern, nicht aber darin, sie zu erschweren[92]. Die mit der Regelung der §§ 1362 II BGB/739 ZPO erstrebte Erleichterung der Zwangsvollstreckung gegen Ehegatten besteht gerade darin, aufgrund der Vermutung des § 1362 II BGB i.V.m. der Fiktion des § 739 ZPO Sachen, die zum persönlichen Gebrauch eines Ehegatten bestimmt sind, auch dann dem Zugriff der Gläubiger dieses Ehegatten zur Verfügung zu stellen, wenn sie sich tatsächlich im Alleingewahrsam des anderen Ehegatten befinden. Wollte man darüberhinaus der von Pohle vertretenen Auffassung folgen, so würde dies eine einseitige, durch nichts gerechtfertigte und den allgemeinen Prinzipien der Vollstreckung in beweglichen Sachen widersprechende Bevorzugung der Gläubiger eines Ehegatten bedeuten.

Mit den ausschließlich zum persönlichen Gebrauch eines Ehegatten bestimmten Sachen sind sicherlich die wesentlichen Fälle genannt, in denen es offensichtlich ist, daß die Sachen dem Ehegatten des Schuldners gehören. Das gilt umso mehr dann, wenn man den Begriff der ausschließlich zum persönlichen Gebrauch eines Ehegatten bestimmten Sachen so extensiv definiert, wie das im vorhergehenden befürwortet ist[93]. Ob darüberhinaus noch weitere Fälle denkbar sind, insbesondere solche, in denen grundsätzlich die Vermutung des § 1362 I 1 BGB zugunsten der Gläubiger spricht, erscheint fraglich.

---

91 So richtig Stein-Jonas-Schönke-Pohle aaO.

92 Vgl. Stein-Jonas-Schönke-Pohle § 739 Anm. III 1

93 Vgl. oben § 2 A. III 3

In Lehre und Rechtsprechung werden vor allem zwei Fälle erörtert: (a) einmal der Fall, daß Sachen gepfändet werden sollen, die zu dem von einem Ehegatten selbständig geführten Erwerbsgeschäft gehören, und (b) zum anderen der Fall, daß ein Pkw gepfändet wird oder gepfändet werden soll, obwohl er nach dem Kraftfahrzeugbrief für den Ehegatten des Schuldners zugelassen ist.

(a) Der erste Fall ist unproblematisch. Nach richtiger Ansicht sind Sachen, die zu einem von dem Ehegatten des Schuldners selbständig und erkennbar allein betriebenen Erwerbsgeschäft gehören, den ausschließlich zum persönlichen Gebrauch dieses Ehegatten bestimmten Sachen i.S. des § 1362 II BGB zuzuordnen[94]. Damit ist auch hier wieder ein Fall gegeben, in dem die Vermutung des § 1362 I 1 BGB und damit auch die an sie anknüpfende Gewahrsamsfiktion des § 739 ZPO von vornherein ausgeschlossen sind.

(b) In dem zweiten Fall ist entgegen einer starken Meinung in der Literatur die Offensichtlichkeit zu verneinen.

Nach § 25 StVZO wird nicht der Eigentümer, sondern derjenige, für den das Fahrzeug zugelassen ist, also der Halter, im Kraftfahrzeugbrief vermerkt. Zulassungsberechtigter und Eigentümer müssen nicht identisch sein; sie sind es häufig nicht, vor allem nicht in den Fällen, in denen das Fahrzeug unter Eigentumsvorbehalt gekauft oder zur Sicherung übereignet ist. Die Eintragung des Zulassungsberechtigten im Kraftfahrzeugbrief beweist deshalb nicht, daß er Eigentümer des Fahrzeuges ist. Soweit dem Kraftfahrzeugbrief überhaupt eine den Eigentümer des Fahrzeuges legitimierende Funktion zukommt, knüpft diese nicht an die Eintragung im Brief, sondern an den Briefbesitz an. Nachdem inzwischen alle Kraftfahrzeuge mit Briefen ausgestattet sind und die Einrichtung des Kraftfahrzeugbriefes allgemein bekannt ist, kann dem Rechtsverkehr der Erfahrungssatz entnommen werden, daß der Kraftfahrzeugbrief sich grundsätzlich im Besitz des an dem Kraftfahrzeug dinglich Berechtigten befindet. Dabei ergibt sich diese Sicherungsfunktion für das Eigentum ausschließlich als Reflexwirkung verwaltungsrechtlicher Vorschriften; der nach den §§ 25 IV, 27 III StVZO bestehende Vorlagezwang für den Brief macht den Briefbesitz zur Voraussetzung für eine normale Fahrzeugbenutzung. Das ist im wesentlichen allgemeine Meinung[95].

Unter diesen Umständen kann dem Kraftfahrzeugbrief für die hier zu entscheidende Frage keine Bedeutung zukommen. Die Tatsache, daß der Ehegatte des Schuldners als Zulassungsberechtigter in dem Brief eingetragen ist, besagt nichts über seine dingliche Berechtigung an dem Fahrzeug; ein solcher Schluß wäre auch gerade bei Ehegatten besonders zweifelhaft. Die

---

94 Vgl. auch dazu ausführlich oben § 2 A III 3

95 Vgl. vor allem Buchholz Rpfleger 1955, 57 ff. (insbes. 58 sub III 2 u. 59 sub III 6); Erman-Hefermehl § 952 Bem. 2 a; OLG Celle NJW 1953, 1355; BGH NJW 1964, 1413 f.

Besitzverhältnisse an dem Brief können aber bei Ehegatten erst recht nicht als Indiz für die Eigentumsverhältnisse an dem Kraftfahrzeug in Betracht kommen. Aufgrund der im vorhergehenden dargelegten beschränkten Legitimationsfunktion des Kraftfahrzeugbriefes spricht bei dem Briefbesitzer lediglich der Beweis des ersten Anscheins dafür, daß er der Eigentümer des Fahrzeuges ist. Die Beweiskraft ist damit schwächer als die Vermutung des § 1006 BGB zugunsten des Besitzers des Fahrzeuges[96]. Die Eigentumsvermutung des § 1006 ist aber gerade im räumlichen Bereich der Ehe zugunsten der Gläubiger von Ehegatten durch die Vermutung des § 1362 I 1 BGB außer Kraft gesetzt[97].

3. Als Ergebnis kann damit festgehalten werden: Der Ehegatte des Schuldners kann sich grundsätzlich gegen Zwangsvollstreckungen in bewegliche Sachen nur mit der Drittwiderspruchsklage nach § 771 ZPO unter Berufung auf sein Eigentum an den gepfändeten Sachen wehren. Ausnahmsweise steht ihm die Erinnerung nach § 766 ZPO zur Verfügung, wenn offensichtlich ist, daß die Sachen, die gepfändet worden sind, ihm gehören. Bei den Sachen, für die es offensichtlich ist, daß sie dem Ehegatten des Vollstreckungsschuldners gehören, handelt es sich in aller Regel um solche Sachen, für die die Vermutung des § 1362 II BGB gilt und für die deshalb die Vermutung des § 1362 I 1 BGB und die an sie anknüpfende Gewahrsamsfiktion des § 739 ZPO von vornherein ausgeschlossen sind. Die Erinnerung ist hier, wenn der Ehegatte des Schuldners tatsächlich Gewahrsamsinhaber ist, mit Rücksicht auf die Verletzung seines Gewahrsams begründet; soweit sich die Sachen tatsächlich im Alleingewahrsam des Schuldners befunden haben, ist die Erinnerung begründet, weil der Gerichtsvollzieher die ihm nach § 808 ZPO zustehende Befugnis mißbraucht hat. Fälle, in denen es sich um Sachen handelt, die von der Vermutung des § 1362 I 1 BGB und dementsprechend von der Gewahrsamsfiktion des § 739 ZPO erfaßt werden, sind kaum denkbar.

VI. Die Regelung für den Fall, daß ein Mannes- und ein Frauengläubiger aufgrund der Bestimmungen der §§ 1362 BGB/739 ZPO in dieselbe Sache vollstrecken

Eine besondere Situation entsteht dann, wenn ein Gläubiger des einen Ehegatten und ein Gläubiger des anderen Ehegatten in dieselbe Sache vollstrecken. Soweit die Voraussetzungen des § 1362 I 1 BGB erfüllt sind,

---

96 Vgl. Buchholz Rpfleger 1955, 57 ff. (59 sub III 5); Erman-Westermann § 1006 Bem. 1; Palandt-Degenhart § 1006 Anm. 2.

97 Im Ergebnis ebenso Dölle § 44 II 1 d, S. 689; Reinicke Betr. 1965, 961 ff. (963 sub A 4); LG Essen NJW 1962, 2307 f.; a.A. Baur FamRZ 1958, 252 ff. (253 sub I 2 b aa); Baumbach-Lauterbach § 739 Anm. 3 C; Noack DGVZ 1960, 56 ff. (57 sub II 1); Staudinger-Hübner § 1362 Rdnr. 17; Weber Rpfleger 1959, 179 f. (180 sub II 5).

spricht die Eigentumsvermutung hier für den einen und den anderen Gläubiger. Dementsprechend gilt nach § 739 ZPO jeder Ehegatte als alleiniger Gewahrsamsinhaber. Folglich ist jede Pfändung wirksam. Insoweit herrscht Einhelligkeit in der Literatur[98].

Baur und ihm folgend auch die übrige Literatur gehen allerdings davon aus, daß die Pfändungen nur vorläufig zulässig sind. Jedem Gläubiger stehe es frei, entweder im Erinnerungsverfahren nach § 766 ZPO oder im Verteilungsverfahren nach §§ 872 ff. ZPO die zugunsten des anderen Ehegatten, der nicht sein Schuldner sei, sprechende Eigentumsvermutung zu widerlegen und damit die Aufhebung der Pfändung seines „Konkurrenten" zu erreichen[99].

Nach der hier vertretenen Auffassung kann das nicht zutreffen. Im vorhergehenden ist ausführlich dargelegt worden, daß die Gewahrsamsfiktion des § 739 ZPO immer dann eingreift, wenn die tatbestandlichen Voraussetzungen vorliegen, an die die Eigentumsvermutung des § 1362 I 1 BGB anknüpft, und daß es deshalb, soweit der Gerichtsvollzieher unter Berufung auf § 739 ZPO pfändet, nicht darauf ankommen kann, ob der Ehegatte des Schuldners die Eigentumsvermutung zu widerlegen vermag[100]. An dieser Rechtslage kann sich auch dann nichts ändern, wenn im Auftrag zweier Gläubiger, eines Gläubigers des Mannes und eines Gläubigers der Frau, in dieselbe Sache vollstreckt wird. Beide Pfändungen sind – immer vorausgesetzt, daß die Voraussetzungen der § 1362 I 1 BGB/739 ZPO erfüllt sind – verfahrensrechtlich nicht zu beanstanden. Da die Frage, ob der eine oder der andere Ehegatte die Eigentumsvermutung zu widerlegen vermag, ohne Einfluß auf die Zulässigkeit der durch den Gerichtsvollzieher vorgenommenen Pfändungen ist, kann auch keine nachträgliche Aufhebung der einen oder der anderen Pfändung unter Berufung auf die Verletzung verfahrensrechtlicher Vorschriften in Betracht kommen. Auch hier bleibt allein die Möglichkeit, daß jeder der beiden Ehegatten versucht, im Wege der Drittwiderspruchsklage die zugunsten des Gläubigers des anderen Ehegatten und damit gegen ihn sprechende Eigentumsvermutung zu widerlegen[101].

---

98 Vgl. Baur FamRZ 1958, 252 ff. (253 f. sub I 1 c); Dölle § 44 II 1 d, S. 689; Erman-Bartholomeyczik § 1362 Bem. 3 d; Gernhuber § 22 II 8, S. 195; Palandt-Lauterbach § 1362 Anm. 4; Staudinger-Hübner § 1362 Rdnr. 21; Boennecke NJW 1959, 1260 f. (1260).

99 Vgl. Baur aaO.; ebenso, unter Berufung auf ihn, auch die übrigen in Fußnote 98 Zitierten.

100 Vgl. oben V 1

101 Insoweit ist die Auffassung von Dölle und Palandt-Lauterbach widersprüchlich. Beide folgen grundsätzlich der hier vertretenen Auffassung, schließen sich aber für die vorliegende Problematik ohne eigene Begründung der Auffassung Baurs an; vgl. aaO. Der ausdrückliche Hinweis von Baur, eine Drittwiderspruchsklage nach § 771 ZPO könne hier nicht in Betracht kommen, kann nur im Hinblick auf die Gläubiger, nicht aber für die Ehegatten selbst zutreffen; vgl. aaO. (S. 254 Fußnote 7).

Die damit befürwortete Lösung ist keineswegs unrealistisch; insbesondere ist sie nicht deshalb für die Gläubiger nachteilig, weil diese auf die Initiative ihrer Schuldner angewiesen sind. Jeder Ehegatte hat ein unmittelbares vitales Interesse daran, Zwangsvollstreckungen durch Gläubiger des anderen Ehegatten in ihm gehörende Gegenstände zu verhindern, schon deshalb, weil er bestrebt sein wird, möglichst wenig Gegenstände seines Vermögens durch Zwangsvollstreckungen einzubüßen.

Soweit es einem der beiden Ehegatten gelingt, mit der Drittwiderspruchsklage sein Eigentum an der für beide Gläubiger gepfändeten Sache nachzuweisen, ist die durch den Widerstreit der Eigentumsvermutungen heraufbeschworene Problematik gelöst. Die von seinem Gläubiger bewirkte Pfändung bleibt bestehen; die Zwangsvollstreckung des Gläubigers des anderen Ehegatten in dieselbe Sache wird für unzulässig erklärt. Soweit es keinem der beiden Ehegatten gelingt, die Eigentumsvermutung zu widerlegen, hilft der Hinweis Baurs auf den in § 804 III ZPO entwickelten Grundsatz der zeitlichen Priorität weiter. Beide Pfändungen bleiben wirksam; der zuerst bewirkten Pfändung gebührt der Vorrang. Dabei kann selbstverständlich § 804 III ZPO nur analog angewendet werden. Die Bestimmung geht unmittelbar aus von der Relation: *Zwei* Gläubiger – *ein* Schuldner – *ein* gepfändeter Gegenstand; hier aber lautet die Relation: *Zwei* Gläubiger – *zwei* Schuldner – *ein* gepfändeter Gegenstand[102].

VII. Die Berufung auf die Unpfändbarkeitsbestimmungen der §§ 811 ff. ZPO

Die Regelung der §§ 1362 BGB/739 ZPO läßt die Schranken unberührt, denen jede Zwangsvollstreckung im Hinblick auf die Pfändungsverbote des § 811 ZPO unterliegt. Neben dem Schuldner selbst kann sich auch sein Ehegatte auf diese Pfändungsverbote berufen, soweit er in ihren Schutzbereich einbezogen ist. Hinsichtlich der in den Nummern 1–4, 4a, 10 und 12 des § 811 ZPO geregelten Pfändungsverbote ist das im wesentlichen unproblematisch; hier ist jeweils neben dem Schuldner ausdrücklich die Familie und damit auch der Ehegatte des Schuldners geschützt. Streitig ist dagegen, inwieweit sich der Ehegatte des Schuldners auf die Pfändungsschutzbestimmung des § 811 Nr. 5 ZPO berufen kann. Folgender Fall mag das Problem veranschaulichen:

> Der Gerichtsvollzieher G pfändet im Auftrag eines Gläubigers des Mannes einen Pkw, der auch dem Mann gehört, den dieser aber seiner Ehefrau zur Ausübung ihrer Handelsvertretertätigkeit zur Verfügung

---

102 So richtig Baur aaO., S. 254; ihm folgend die übrige Literatur; vgl. Boennecke aaO.; Dölle aaO.; Erman-Bartholomeyczik aaO.; Gernhuber aaO.; Palandt-Lauterbach aaO.; Staudinger-Hübner aao.; Noack DGVZ 1960, 56 ff. (59 f. sub III und IV); Hanke DGVZ 1962, 136 f. (137).

gestellt hat. Die Ehefrau beruft sich gegenüber dieser Pfändung auf § 811 Nr. 5 ZPO und macht geltend, daß sie den Wagen zur Fortsetzung ihrer Erwerbstätigkeit dringend benötige. Wird ihre auf diese Einwendung gestützte Erinnerung Erfolg haben?

In der Rechtsprechung liegen zu dieser Frage zwei divergierende Entscheidungen vor. Das LG Nürnberg-Fürth hat in einer Entscheidung aus dem Jahre 1962 eine von der Ehefrau unter den gleichen Voraussetzungen eingelegte Erinnerung für zulässig und begründet erachtet[103]. Es hat dabei ausgeführt: Die auf die Verkennung der Unpfändbarkeit nach den §§ 811 ff. ZPO gestützte Erinnerung stehe in erster Linie dem Schuldner zu, einem Dritten nur dann, wenn die Schutzbestimmung auch ihn ergreife. Diese Voraussetzung sei aber bei der gegebenen Sachlage für die Ehefrau erfüllt. Mit der Neufassung des § 739 ZPO und den sich aus ihr ergebenden Konsequenzen müsse auch der Pfändungsschutz für beide Ehegatten gelten. Eine Pfändung dürfe deshalb insoweit nicht erfolgen, als der Ehegatte, wenn er selbst Schuldner wäre, nach § 811 ZPO geschützt würde. Die Erwerbstätigkeit der Ehefrau dürfe auch dann nicht behindert werden, wenn sie nicht Schuldnerin sei, weil davon ausgegangen werden müsse, daß unter Ehegatten die Tätigkeit des einen auch dem anderen zugute komme.

Den gegenteiligen Standpunkt vertritt das OLG Stuttgart in einer Entscheidung aus dem Jahre 1963[104]. Nach ihm kann für die Anwendung des § 811 Nr. 5 ZPO nur maßgebend sein, ob der Schuldner persönlich die betreffenden Gegenstände zur Fortsetzung seiner Erwerbstätigkeit benötigt, nicht dagegen, ob sie zur Fortsetzung der Erwerbstätigkeit des anderen Ehegatten erforderlich sind. Auf die Unentbehrlichkeit für die Erwerbstätigkeit des anderen Ehegatten könne sich weder dieser Ehegatte selbst noch der Schuldner berufen. Das OLG stützt sich dabei auf den eindeutigen Wortlaut und Sinn der Vorschrift, die bei Kopf- und Handarbeitern für die Unpfändbarkeit der zur Fortsetzung ihrer Erwerbstätigkeit erforderlichen Gegenstände nur auf sie persönlich abstelle. An dieser Regelung habe sich durch das Gleichberechtigungsgesetz nichts geändert; sonst würden die Erleichterungen, die das Gleichberechtigungsgesetz den Ehegattengläubigern mit der einen Hand gebe, mit der anderen wieder weggenommen.

Auf den ersten Blick spricht manches für die Argumentation des LG Nürnberg-Fürth. Die Regelung der §§ 1362 BGB/739 ZPO ordnet im Interesse der Gläubiger von Ehegatten die Irrelevanz des lediglich aufgrund der ehelichen Lebensgemeinschaft beruhenden Mitbesitzes des Ehegatten des Schuldners an. Darüberhinaus ist nach richtiger, kaum bestrittener Auffassung davon

---

103 Vgl. DGVZ 1963, 101 mit zustimmender Anmerkung von Mümmler; ebenso Beitzke ZZP 68, 241 ff. (246 sub II); Pohle MDR 1955, 1 ff. (1 sub II); ders. ZZP 68, 260 ff. (269 sub II 1).

104 Vgl. in Die Justiz 1963, 143 f. = FamRZ 1963, 297 (L).

auszugehen, daß auch das diesem Mitbesitz zugeordnete, in der Literatur teilweise unmittelbar aus § 1353 BGB, teilweise aus § 1360 BGB hergeleitete Recht zum Besitz generell den Interessen der Gläubiger nachgeht[105]. Dieser grundsätzlich gerechtfertigte Gläubigerschutz muß da seine Grenze finden, wo die notwendige wirtschaftliche Grundlage der Familie in Gefahr gerät. Ihren Schutz zu übernehmen, ist die legitime Funktion der Pfändungsverbote des § 811 ZPO. Dementsprechend untersagen diese Bestimmungen nicht nur die Vollstreckungen in Sachen, die dem dringenden Lebensbedarf des Schuldners dienen; sie sollen regelmäßig auch den Bedarf der Familie schützen[106]. Unter diesen Umständen liegt es nahe, die Vorschrift des § 811 Nr. 5 entgegen ihrem Wortlaut entsprechend extensiv auszulegen, zumal dann, wenn die aus der Tätigkeit des Ehegatten, der nicht Schuldner ist – in unserem Beispielsfall der Ehefrau – gewonnenen Mittel einen erheblichen oder gar den wesentlichen Beitrag zum Unterhalt der Familie leisten[107].

Trotz dieser für die Auffassung des LG Nürnberg-Fürth sprechenden Gesichtspunkte ist dem OLG Stuttgart zu folgen. Das OLG kann sich für die Richtigkeit der von ihm getroffenen ablehnenden Entscheidung nicht nur auf den eindeutigen Wortlaut des § 811 Nr. 5 ZPO berufen; für sie spricht vor allem auch der Zusammenhang dieser Vorschrift mit den übrigen in § 811 ZPO geregelten gesetzlichen Pfändungsverboten. In verschiedenen Nummern des § 811 ZPO schützt das Gesetz, wie bereits eingangs erwähnt worden ist, durch Pfändungsverbote ausdrücklich nicht nur den Schuldner selbst, sondern auch dessen Familie, so in den Nummern 1–4, 4a, 10 und 12; man darf deshalb davon ausgehen, daß es dort, wo das nicht geschehen ist, wie z.B. in § 811 Nr. 5 ZPO, vom Gesetzgeber auch nicht gewollt ist. Bei näherem Hinsehen erscheint diese Regelung auch durchaus sinnvoll, gerade im Hinblick auf das geltende güterrechtliche und das von ihm abhängige haftungsrechtliche System. Das eheliche Güterrecht behandelt die Ehegatten im gesetzlichen Güterstand bezüglich ihres Vermögens grundsätzlich getrennt. Die Gläubiger von Ehegatten sind deshalb in aller Regel auf das Vermögen ihres jeweiligen Schuldners angewiesen. Dementsprechend kann es ihnen aber grundsätzlich nicht zugemutet werden, im Falle einer Zwangsvollstreckung bezüglich des gesetzlichen Pfändungsschutzes neben dem Schuldner selbst auch noch auf dessen Ehegatten Rücksicht zu nehmen. Eine Durchbrechung dieses Grundsatzes ist nur ausnahmsweise dann vertretbar, wenn die wirtschaftliche Existenz der Familie auf dem Spiel steht. Dem tragen die gesetzlichen Bestimmungen des § 811 Nrn. 1–4, 4a, 10 und 12 ZPO Rechnung. Die in § 811 Nr. 5 ZPO von der Pfändung ausgenommenen Sachen gehören grundsätzlich nicht zu diesem unentbehrlichen materiellen Substrat

---

105 Vgl. dazu ausführlich oben II 2 Fußnote 68 und V 1 Fußnote 86.

106 Vgl. auch dazu bereits oben aaO.

107 So argumentieren neben dem LG Nürnberg-Fürth insbesondere auch Beitzke und Pohle; vgl. aaO.

der Familiengemeinschaft. Sofern das aber im Einzelfall ausnahmsweise anders ist – etwa in dem bereits erwähnten Fall, daß der Ehegatte des Schuldners mit Mitteln aus seiner Erwerbstätigkeit zu einem erheblichen Teil oder gar wesentlich die Familie ernährt und dazu dringend Sachen benötigt, die dem Schuldner gehören, – bedarf es aber ebenfalls nicht der von dem LG Nürnberg-Fürth befürworteten extensiven Auslegung der Vorschrift des § 811 Nr. 5 ZPO; hier kann mit dem in § 765 a ZPO geregelten – vom Schuldner zu beantragenden – Vollstreckungsschutz sachgerechter und ebenso wirksam geholfen werden.

Als Ergebnis kann deshalb festgehalten werden, daß sich auf das Pfändungsverbot des § 811 Nr. 5 ZPO stets nur der Schuldner berufen kann, wenn er selbst Sachen, die gepfändet werden sollen, zur Fortsetzung seiner Erwerbstätigkeit benötigt; weder der Schuldner noch sein Ehegatte können geltend machen, die fraglichen Sachen seien zur Fortsetzung der Erwerbstätigkeit des Ehegatten erforderlich. Dementsprechend würde in dem zu Beginn angeführten Beispielsfall die Ehefrau mit ihrer auf § 811 Nr. 5 ZPO gestützten Erinnerung keinen Erfolg haben.

VIII. Der Geltungsbereich der Bestimmung

Der Geltungsbereich der Vorschrift des § 739 ZPO ist durch ihre Anknüpfung an § 1362 BGB eindeutig festgelegt. Da die Eigentumsvermutungen des § 1362 BGB in ihrer Wirkung gegenständlich auf bewegliche Sachen beschränkt sind, kann eine Anwendung der Gewahrsamsfiktion des § 739 ZPO nicht überall dort in Betracht kommen, wo es im Vollstreckungsrecht auf Besitz und Gewahrsam ankommt; § 739 ZPO gilt vielmehr nur für die Vollstreckung in bewegliche Sachen. Hauptanwendungsbereich der Vorschrift ist naturgemäß die Zwangsvollstreckung in bewegliche Sachen wegen Geldforderungen; deshalb ist sie in diesem Rahmen ausführlich behandelt worden. Daneben ist sie auch für die Zwangsvollstreckung zur Erwirkung der Herausgabe von beweglichen Sachen von Bedeutung[108]. Darüberhinaus ist für eine Anwendung der Vorschrift des § 739 ZPO kein Raum[109].

In persönlicher Hinsicht setzt eine Anwendung des § 739 ZPO genauso wie § 1362 BGB voraus, daß eine wirksame Ehe begründet worden ist. Die

---

108 Vgl. dazu im folgenden § 3 A.

109 Das OLG Bamberg hat herausgestellt, daß § 739 ZPO im Falle einer Immobiliarzwangsversteigerung auch insoweit nicht in Betracht kommt, als diese sich auf Grundstückszubehör „im Besitz des Schuldners" – § 55 II ZVG – beziehen kann; vgl. FamRZ 1962, 391 f.; ebenso LG Coburg FamRZ 1962, 387 ff. Zur Frage einer analogen Anwendung der Vorschrift bei der Zwangsräumung einer ehelichen Mietwohnung vgl. unten § 3 B.

Vorschrift gilt nicht für Fälle eines eheähnlichen Zusammenlebens; insoweit ist auch keine analoge Anwendung möglich[110].

In zeitlicher und güterrechtlicher Hinsicht ergeben sich ebenfalls keinerlei Besonderheiten gegenüber dem Geltungsbereich der Eigentumsvermutungen des § 1362 BGB[111].

Schließlich verdient hervorgehoben zu werden, daß die Vorschrift des § 739 ZPO darauf beschränkt ist, dem Ehegatten des Schuldners die Berufung auf seinen Besitz oder Gewahrsam zu verwehren; im übrigen bleibt die Position des nicht schuldenden und deshalb nicht verurteilten Ehegatten von dem Vollstreckungsverfahren unberührt. Der Ehegatte des Schuldners kann aufgrund der Vorschriften der §§ 1362 BGB/739 ZPO nicht zu einem Offenbarungseid gezwungen werden[112].

IX. Würdigung der Bestimmung

Die Vorschrift des § 739 ZPO ist eine notwendige und auch sinnvolle Ergänzung der Eigentumsvermutungen des § 1362 BGB; das ist unbestritten. Soweit in der Literatur Kritik an der in § 739 ZPO getroffenen Regelung

---

110 Das AG Berlin-Neukölln hat in einer Entscheidung aus dem Jahre 1964 den gegenteiligen Standpunkt vertreten; vgl. DGVZ 1966, 24 f. Das Amtsgericht hatte einen Fall zu entscheiden, in dem sich offenbar eine mit dem Schuldner in einem eheähnlichen Verhältnis zusammenlebende Frau der Zwangsvollstreckung in bestimmte Sachen des Schuldners unter Berufung auf ihren Mitbesitz und Mitgewahrsam widersetzte. Es wies die Erinnerung mit einer dreifachen Begründung zurück: Zunächst einmal müsse davon ausgegangen werden, daß die Benutzung von Sachen des Schuldners durch die mit ihm zusammenlebende Frau nicht zum Mitgewahrsam führe. Die Mitbenutzung sei nur geduldet; deshalb bleibe der Schuldner nach außen hin Alleingewahrsamsinhaber. Selbst wenn man mit Rücksicht auf das eheähnliche Verhältnis Mitgewahrsam annehmen wolle, sei die Berufung auf ihn arglistig, weil der Frau über den bloßen Mitgewahrsam hinaus keine zu schützende Rechtsstellung zukomme. Schließlich sei eine analoge Anwendung des § 739 ZPO geboten, weil eine Konkubine nicht besser stehen könne als eine Ehefrau. Die Begründung vermag nicht zu überzeugen. Ob die Lebensgefährtin des Schuldners nur Besitzdienerin oder Mitbesitzerin an seinen Sachen ist, hängt von den konkreten Verhältnissen des einzelnen Falles ab. Dabei wird im allgemeinen Mitbesitz als lebensnäher zu bejahen sein. Ob die Berufung auf den Mitgewahrsam arglistig und damit rechtsmißbräuchlich ist, kann ebenfalls nur vom konkreten Fall her entschieden werden. Die analoge Anwendung von § 739 ZPO ist aus rechtspolitischen und vor allem rechtsethischen Gründen in keinem Fall zulässig; die Vorschrift ist ausschließlich bei Ehegatten anwendbar, die in formgültiger Ehe zusammenleben. Daß die Rechtsstellung der Lebensgefährtin des Schuldners hierdurch in dem einen oder anderen Ausnahmefall möglicherweise stärker ist als die einer Ehefrau, muß demgegenüber hingenommen werden. Ebenso Kabisch in seiner ablehnenden Anmerkung zu der Entscheidung des AG Berlin-Neukölln; vgl. DGVZ 1966, 25 f. Im Grundsatz ebenso Stein-Jonas-Schönke-Pohle § 739 Anm. II.1.

111 Vgl. dazu oben § 2 A IV 3 und 4.

112 Vgl. Baumbach-Lauterbach § 739 Anm. 4; Boennecke NJW 1959, 1260 f.; Staudinger-Hübner § 1362 Rdnr. 15.

geübt wird, richtet sich diese nicht gegen die durch § 739 ZPO angeordnete Irrelevanz des Gewahrsams oder Mitgewahrsams des nichtschuldenden Ehegatten; sie zielt vielmehr wesentlich auf die für den Ehegatten des Schuldners sehr einschneidenden Auswirkungen der Eigentumsvermutung des § 1362 I 1 BGB ab. Die Kritik entzündet sich vor allem an der Möglichkeit, daß ein Gläubiger des Mannes und ein Gläubiger der Frau aufgrund der §§ 1362 I 1 BGB/739 ZPO in dieselbe Sache vollstrecken und es u.U. keinem der beiden Ehegatten gelingen kann, die gegen ihn sprechende Eigentumsvermutung zu widerlegen. Mehr als alle anderen Argumentationen – meint Baur[113] – zeige dieser Sachverhalt, daß bei der Vollstreckung in bewegliche Sachen die Ehegatten als ein Vermögensträger angesehen würden oder – wie Bosch[114] festgestellt habe – „eine Gesamthaftung beider Gatten für einseitige Verpflichtungen" eingeführt werde. Der Gläubigerschutzgedanke habe hier über die getrennte Schuldenhaftung insofern gesiegt, als es dem Ehegatten obliege, die Gesamthaftung mit seinem beweglichen Vermögen durch eine Widerlegung der Eigentumsvermutung abzuwenden.

Die Kritik enthält damit keinerlei neue Gesichtspunkte gegenüber den allgemein gegen die Ausgestaltung der Eigentumsvermutung des § 1362 I 1 BGB erhobenen Bedenken. Eine ausführliche Auseinandersetzung mit ihr kann deshalb mit Rücksicht auf die bereits bei der Behandlung der Eigentumsvermutung erfolgte Würdigung hier unterbleiben[115]. Abschließend soll noch einmal betont werden: Es ist richtig, daß in der Regelung der §§ 1362 I 1 BGB/739 ZPO der Gläubigerschutzgedanke über das nach dem neuen gesetzlichen Güterrecht geltende System der Gütertrennung und das daraus folgende Prinzip der getrennten Schuldenhaftung insoweit dominiert, als dem einzelnen Ehegatten aufgebürdet ist, eine Inanspruchnahme für Schulden des anderen Ehegatten durch eine Widerlegung der Eigentumsvermutung abzuwenden. Eine solche Regelung erscheint aber deshalb nicht unvereinbar mit dem Prinzip der getrennten Schuldenhaftung, weil es dem Ehegatten durchaus möglich ist, für klare Eigentumsverhältnisse zu sorgen, während für den Gläubiger eine solche Möglichkeit nicht besteht. Insofern handelt es sich bei der Regelung um einen unumgänglichen Gläubigerschutz, nicht aber um eine einseitige Gläubigerbevorzugung[116].

---

113 Vgl. Baur FamRZ 1958, 252 ff. (254 sub I 2 c); ebenso Boennecke NJW 1959, 1260 f., der davon ausgeht, der Widerstreit der Eigentumsvermutung des § 1362 I 1 BGB widerspreche den Gesetzen logischen Denkens und müsse zu dem Ansehen der Rechtspflege abträglichen widersprechenden Ergebnissen führen. Ähnlich Krüger-Breetzke-Nowack (Breetzke) § 1362 Rdnr. 4 und § 739 Rdnr. 3.

114 Vgl. Bosch FamRZ 1958, 81 ff. (85 sub VI 4).

115 Vgl. oben § 2 A V.

116 Ebenso bereits oben § 2 A V mit weiteren Nachweisen.

§ 3 Die Zwangsvollstreckung zur Erwirkung der Herausgabe von Sachen

A. Die Zwangsvollstreckung zur Erwirkung der Herausgabe von beweglichen Sachen

Bei der Zwangsvollstreckung zur Erwirkung der Herausgabe von beweglichen Sachen nach § 883 ZPO kommt es genauso wie bei der Zwangsvollstreckung in bewegliche Sachen wegen Geldforderungen auf den Gewahrsam des Schuldners an; der Gerichtsvollzieher darf, wie sich aus § 886 ZPO ergibt, nur solche Sachen wegnehmen, die sich im Alleingewahrsam des Schuldners befinden. Dementsprechend gleichen auch die Besonderheiten der Zwangsvollstreckung zur Erwirkung der Herausgabe von beweglichen Sachen, soweit sie sich gegen einen verheirateten Schuldner richtet, denen der Zwangsvollstreckung in bewegliche Sachen wegen Geldforderungen; auch hier drohen den Gläubigern, abgesehen von den häufig undurchsichtigen Eigentumsverhältnissen, Gefahren aus den von außen her oft nur schwer durchschaubaren Besitz- und Gewahrsamsverhältnissen der Ehegatten an den Sachen. Zur Lösung der sich hieraus ergebenden Probleme stehen für die Zwangsvollstreckung in bewegliche Sachen wegen Geldforderungen die Sonderregelungen der §§ 1362 BGB/739 ZPO zur Verfügung. Im folgenden ist zu untersuchen, inwieweit diese Sondervorschriften auch bei der Zwangsvollstreckung zur Erwirkung der Herausgabe von beweglichen Sachen anwendbar sind.

Von der materiellen Rechtslage her sind hier zwei Fälle zu unterscheiden: Ein verheirateter Schuldner kann einerseits dazu verurteilt sein, eine bewegliche Sache an den Gläubiger als den Eigentümer dieser Sache herauszugeben. Der Herausgabetitel kann andererseits darauf beruhen, daß der Ehegatte verpflichtet ist, dem Gläubiger eine bestimmte bewegliche Sache zu liefern und zu übereignen.

Im ersten Fall bestehen auf Anhieb Bedenken gegen eine Anwendung der Vorschrift des § 1362 I 1 BGB. Nach dem Urteil steht fest, daß die herauszugebende Sache dem Gläubiger gehört; es scheint deshalb kein Raum zu sein für die Eigentumsvermutung des § 1362 I 1 BGB, die grundsätzlich davon ausgeht, daß einer der beiden Ehegatten Eigentümer der von ihr erfaßten Sachen ist. Soweit sich diese Bedenken als stichhaltig erweisen, kann für diesen Fall auch eine Anwendung der an § 1362 I 1 BGB anknüpfenden Gewahrsamsfiktion des § 739 ZPO nicht in Betracht kommen. Dementsprechend dürfte der Gerichtsvollzieher die Sache dann nicht wegnehmen, wenn sie sich im konkreten Fall im Allein- oder Mitgewahrsam des Ehegatten befindet, der nicht Vollstreckungsschuldner ist. Der Gläubiger wäre – soweit der Ehegatte des Schuldners nicht zur Herausgabe der Sache bereit sein würde – auf den allgemeinen Weg des § 886 ZPO angewiesen[117].

Der zweite Fall ist dagegen unproblematisch. Für ihn ist – auch im Hinblick auf § 894 ZPO – die Eigentumsvermutung des § 1362 I 1 BGB zweifellos anwendbar; dementsprechend gilt auch die an sie anknüpfende Gewahrsamsfiktion des § 739 ZPO. Der Gerichtsvollzieher kann also die herauszugebende Sache auch dann wegnehmen, wenn sie sich tatsächlich im Gewahrsam des anderen Ehegatten befindet[118]. Der Ehegatte ist, genauso wie bei der Zwangsvollstreckung in bewegliche Sachen wegen Geldforderungen, grundsätzlich darauf angewiesen, seine Rechte mit der Drittwiderspruchsklage nach § 771 ZPO zu wahren[119].

Die unterschiedlichen Ergebnisse in dem einen und dem anderen Fall vermögen nicht zu befriedigen. Zunächst einmal ist nicht recht einzusehen, daß der Gläubiger gerade dort, wo er materiellrechtlich die stärkere Position hat, bei der Durchsetzung seines Anspruchs in der Zwangsvollstreckung größeren Schwierigkeiten ausgesetzt sein soll. Davon abgesehen würden sich für die Unterscheidung der beiden Fälle in der Praxis kaum lösbare Probleme ergeben, weil man – wie Baur mit Recht feststellt[120] – „einem Herausgabetitel" meist nicht ansieht, ob er aufgrund Eigentums oder aufgrund obligatorischer Verpflichtung ergangen ist". Baur schlägt deshalb vor, dem Vollstreckungsorgan den Zugriff im ersten Fall in gleicher Weise zu gestatten wie im zweiten Fall und die Klärung, inwieweit die Vollstreckung gerechtfertigt ist, in beiden Fällen dem Erinnerungs- oder Widerspruchsverfahren zu überlassen[121].

Diesem Lösungsversuch ist im Ergebnis zu folgen. Dabei ist auch hier wieder die Einschränkung zu machen, daß dem Ehegatten des Schuldners, wenn er der Wegnahme der Sache entgegentreten will, grundsätzlich nur die Drittwiderspruchsklage und nicht das Erinnerungsverfahren nach § 766 ZPO zur

---

117 So Baur FamRZ 1958, 252 ff. (254 sub I 5 A); er weist im übrigen mit Recht darauf hin, daß in dem Herausgaberechtsstreit zwischen dem Gläubiger und dem Ehegatten nicht die zugunsten der Gläubiger geschaffene Vermutung des § 1362 I 1 BGB, sondern die zugunsten des jeweiligen Besitzers geltende Vermutung des § 1006 BGB für den Ehegatten als Eigentümer spricht. Ebenso Gernhuber § 22 II 2, S. 193 Fußnote 2.

118 Ebenso Baur aaO.

119 Vgl. oben § 28 B 1. Das Erinnerungsverfahren steht auch hier dem Ehegatten des Schuldners nur dann zur Verfügung, wenn der Gerichtsvollzieher ausnahmsweise Sachen zwangsweise weggenommen hat, für die sich der Ehegatte auf die zu seinen Gunsten sprechende Vermutung des § 1362 II BGB zu berufen vermag; vgl. dazu oben § 28 V 2. Umgekehrt steht auch dem Gläubiger dieser Rechtsbehelf zu, wenn der Gerichtsvollzieher die Vollstreckung ablehnen sollte, weil er die Voraussetzungen des § 1362 II BGB als erfüllt ansieht. Beides wird kaum praktisch werden.

120 Vgl. Baur aaO.

121 Vgl. aaO.; ebenso Boennecke NJW 1959, 1260 f. (1260).

Verfügung steht[122]. Entgegen der Auffassung Baurs ist dieses Ergebnis bei eingehender Überlegung durchaus mit der Regelung der §§ 1362 I 1 BGB/739 ZPO in Einklang zu bringen.

Die Vorschriften der §§ 1362 I 1 BGB/739 ZPO verfolgen einen doppelten Zweck: § 739 ZPO i.V.m. § 1362 I 1 BGB soll für die Zwangsvollstreckung in bewegliche Sachen den in der Regel vorliegenden Mitbesitz und Mitgewahrsam des Ehegatten, der nicht Schuldner ist, als Vollstreckungshindernis ausschalten; unter Berufung auf die Gewahrsamsfiktion des § 739 ZPO soll der Gerichtsvollzieher vollstrecken können, ohne sich um die tatsächlichen Gewahrsamsverhältnisse kümmern zu müssen[123]. Darüber hinaus hat die Vorschrift des § 1362 I 1 BGB für sich allein Bedeutung im Interventionsprozeß; sie verwehrt dem Ehegatten des Schuldners die Berufung auf die allgemeine Vermutung des § 1006 BGB und gibt ihm zugleich auf, die in ihr enthaltene, gegen ihn sprechende Vermutung zu widerlegen[124]. Daß auch für den hier zu entscheidenden Fall ein echtes Bedürfnis besteht, die Vorschrift des § 739 ZPO anzuwenden, bedarf keiner näheren Erläuterung mehr. Eine solche Anwendung ist aber auch nicht widersprüchlich, obwohl nach dem obsiegenden Urteil des Gläubigers gegen den schuldenden Ehegatten der Gläubiger als Eigentümer der herauszugebenden Sache feststeht. Nach der hier vertretenen Auffassung bedeutet die Anknüpfung des § 739 ZPO an § 1362 I 1 BGB keine Anknüpfung an das vermutete Eigentum des Vollstreckungsschuldners; vielmehr hat § 739 ZPO das in § 1362 I 1 BGB enthaltene Rechtsinstitut der Eigentumsvermutung zur Grundlage. Der Gerichtsvollzieher kann also immer dann unter Berufung auf § 739 ZPO vollstrecken, wenn die Voraussetzungen vorliegen, an die § 1362 I 1 BGB die Entstehung der Eigentumsvermutung knüpft[125].

Diese Voraussetzungen, für deren Vorliegen allein erforderlich ist, daß sich die Sache, die herausgegeben werden soll, im Besitz eines oder beider Ehegatten befindet, sind aber auch dann erfüllt, wenn der Gläubiger die Zwangsvoll-

---

122 Wenn der Gläubiger die Zwangsvollstreckung aus einem Titel betreibt, dem ein Urteil zugrundeliegt, das ihn als den Eigentümer der herauszugebenden Sache ausweist, kommt den Ausnahmefällen, in denen der Ehegatte des Schuldners mit der Erinnerung gegen die Zwangsvollstreckung vorgehen kann, noch sehr viel weniger praktische Bedeutung zu als in dem oben behandelten Fall, daß dem Gläubiger lediglich eine obligatorische Berechtigung zusteht. Andererseits ist es dem Ehegatten auch in diesem Fall nicht verwehrt, unter Berufung auf sein Eigentum die Drittwiderspruchsklage zu erheben. Die Rechtskraft des zwischen dem Gläubiger und dem schuldenden Ehegatten ergangenen Urteils erstreckt sich nicht ohne weiteres auf den anderen Ehegatten. Im übrigen könnte der von dem Ehegatten erhobenen Drittwiderspruchsklage ohnehin nur die Rechtskraft eines auf eine von ihm bereits zuvor erhobenen Klage nach § 771 ZPO hin ergangenen Urteils entgegenstehen. So richtig Thomas-Putzo § 771 Anm. 5 e.

123 Vgl. dazu oben § 2 B

124 Vgl. dazu oben § 2 A. I

125 Vgl. dazu ausführlich oben § 2 B V 1.

streckung aus einem Herausgabetitel betreibt, dem ein Urteil zugrundeliegt, das ihn als den Eigentümer der herauszugebenden Sache ausweist. Auch insoweit zeigt sich wieder, daß die hier vertretene Auffassung für sich in Anspruch nehmen kann, die Vorschrift des § 739 ZPO richtig und vor allem praktikabel auszulegen. Im übrigen ist die Eigentumsvermutung des § 1362 I 1 BGB für diesen Fall nicht völlig bedeutungslos; sie ist sachlich in ihrer Vermutungswirkung auf die Tatsache beschränkt, daß der Ehegatte des Schuldners nicht Eigentümer der Sache ist. Damit kann sie immerhin noch den Zweck erfüllen, dem Ehegatten, wenn er sich der Zwangsvollstreckung widersetzt, in einem möglichen Drittwiderspruchsverfahren die Berufung auf die allgemeine Vermutung des § 1006 BGB zu verwehren[126].

B. Die Räumungszwangsvollstreckung in die eheliche Mietwohnung

I. Die Problemstellung

Die Räumungszwangsvollstreckung hat mit den bisher behandelten Vollstreckungsarten gemeinsam, daß es auch hier, genauso wie bei der Zwangsvollstreckung in bewegliche Sachen wegen Geldforderungen und der Zwangsvollstreckung zur Erwirkung der Herausgabe von beweglichen Sachen, wesentlich auf den Besitz oder Gewahrsam des Schuldners ankommt. Nach §§ 885, 886 ZPO hat der Gerichtsvollzieher bei einer zwangsweisen Räumung den Schuldner aus dem Besitz zu setzen. Wer herausgabepflichtiger Schuldner ist, ergibt sich regelmäßig aus dem Räumungstitel (§ 750 ZPO). Dementsprechend ist der Gerichtsvollzieher grundsätzlich nur berechtigt, denjenigen unmittelbaren Besitzer aus dem Besitz zu setzen, gegen den ein Titel vorliegt.

In Literatur und Rechtsprechung ist umstritten, ob diese allgemeine Regelung auch uneingeschränkt für die Zwangsräumung einer ehelichen Mietwohnung gelten kann oder ob hier nicht in aller Regel ein Räumungstitel gegen einen Ehegatten zur Vollstreckung auch gegen den anderen Ehegatten geeignet und ausreichend ist. Da eine den §§ 1362 BGB/739 ZPO vergleichbare Sonderregelung für die Räumungszwangsvollstreckung fehlt, ist für die Beantwortung der Frage von den allgemeinen Vorschriften der §§ 885, 886 ZPO auszugehen. Danach ist ein Räumungstitel gegen einen Ehegatten nur dann zur Vollstreckung auch gegen den anderen Ehegatten geeignet, wenn dieser entweder keinen Besitz an der ehelichen Wohnung hat oder aber wenn er zwar Besitzer ist, sein Mitbesitz aber ausnahmsweise einer Vollstreckung gegen ihn nicht entgegensteht.

---

126 A.A. Dölle § 44 II 1 d, S. 688 Fußnote 30.

II. Der Fall, daß beide Ehegatten Vertragspartner des Vermieters sind

Einigkeit herrscht im wesentlichen nur darüber, daß ein Titel gegen beide Ehegatten dann erforderlich ist, wenn jeder der beiden Ehegatten selbständiger Vertragspartner des Vermieters ist. Dabei wird diese Lösung allgemein nicht mit der Qualität des Besitzes begründet, der jedem der beiden Ehegatten bei dieser Fallgestaltung zukommt; ausschlaggebend erscheint vielmehr, daß für diesen Fall beiden ein selbständiges Recht zum Mitbesitz der Räume zusteht[127].

Andererseits werden an das Vorliegen dieser Voraussetzungen strenge Anforderungen gestellt. Nach der immer noch h.M. wird dann, wenn die Ehefrau den Mietvertrag bloß mitunterzeichnet, kein selbständiger, neben dem Vertrag des Mannes bestehender Mietvertrag begründet, sondern nur ein akzessorisches Mietverhältnis, das in Bestand und Dauer von dem des Mannes abhängig ist. Sie schließt daran die Folgerung, daß in diesen Fällen ein Titel gegen den Ehemann ausreichend ist, um auch gegen die Ehefrau vollstrecken zu können[128].

Die Frage, ob die Qualität des Besitzrechts, das einem Ehegatten an der Mietwohnung zukommt, entgegen dem eindeutigen Wortlaut der §§ 885, 886 ZPO überhaupt der richtige Ansatzpunkt für die hier zu treffende Entscheidung ist, mag an dieser Stelle noch offen bleiben; sie wird im folgenden für den Fall, daß die Ehewohnung nur von einem Ehegatten gemietet worden ist, ausführlich zu erörtern sein. In keinem Fall kann der einschränkenden Auffassung zugestimmt werden, die die h.M. im Hinblick auf die Beteiligung der Ehefrau am Mietvertrag vertritt. Diese Auffassung war schon für die Zeit vor dem 1.4.1953 bedenklich[129]. Seit dem Inkrafttreten des Gleichberechtigungsgrundsatzes ist diese Auffassung überhaupt nicht mehr zu begründen. Es ist nicht einzusehen, wieso die gleichberechtigte Frau, wenn sie „den Mietvertrag nur mitunterzeichnet", damit den Willen zum Ausdruck bringen sollte, daß sie auf selbständige Rechte aus dem Mietvertrag verzichten und lediglich neben dem Ehemann für die Erfüllung der Pflichten, insbesondere die Mietzahlungen, als Gesamtschuldnerin einstehen wolle. Ganz abgesehen davon ist diese Auffassung auch deshalb abzulehnen, weil der Fall der bloßen Mitunterzeichnung des Mietvertrages und der Fall der selbständigen Beteiligung am Mietverhältnis kaum eindeutig unterschieden werden können[130].

---

127 Vgl. Stein-Jonas-Schönke-Pohle § 885 Anm. I; Thomas-Putzo §,885 Anm. 2 b; Pohle MDR 1955, 1 ff. (4 f. sub IV); Schmidt-Futterer MDR 1962, 700 ff. (700 sub 1 a); Merkert JR 1966, 379 ff. (379); LG Stuttgart NJW 1953, 989; OLG Köln NJW 1954, 1895 f. = FamRZ 1954, 46 (Nr. 32) [L]; AG Berlin-Spandau DGVZ 1964, 45.

128 Vgl. Enneccerus-Lehmann § 127 III S. 511; Pohle MDR 1955, 1 ff. (4 f. IV); Schmidt-Futterer MDR 1962, 700 ff. (700); OLG Köln NJW 1958, 598 f.

129 Vgl. dazu Brühl FamRZ 1954, 210 ff. (210 sub II b) mit weiteren Nachweisen.

130 Wie hier Brühl aaO. mit weiteren Nachweisen; Schulin DRiZ 1959, 76 ff. (77 sub II).

III. Der Fall, daß die Wohnung nur von einem Ehegatten gemietet worden ist

Problematisch und höchst umstritten ist die Frage, welche Voraussetzungen bei der Zwangsräumung der ehelichen Mietwohnung vorliegen müssen, wenn die Wohnung nur von einem Ehegatten gemietet worden ist. Dem Problem kommt deshalb besondere Bedeutung zu, weil dieser Fall immer noch als der Regelfall angesehen werden muß.

1. Bis zum 31.3.1953 galt der Ehemann, wenn er den Mietvertrag allein abgeschlossen hatte, wegen seiner Stellung als Haushaltungsvorstand – unabhängig vom gesetzlichen oder vertraglich vereinbarten Güterstand – allgemein als alleiniger Besitzer und Gewahrsamsinhaber der ehelichen Wohnung; die Ehefrau wurde nur als Besitzdienerin angesehen[131]. Zur Vollstreckung gegen einen Besitzdiener reicht nach einhelliger Auffassung, weil er nur der „verlängerte Arm" des Besitzers ist, ein gegen den Besitzer gerichteter Titel aus[132]. Dementsprechend war ein Räumungstitel gegen den Ehemann unter den gegebenen Voraussetzungen stets ausreichend, um auch die Ehefrau notfalls zwangsweise aus der ehelichen Wohnung zu setzen.

Nach Einführung des Gleichberechtigungsgesetzes wird diese Auffassung nur noch vereinzelt vertreten. Zur Begründung wird im wesentlichen vorgetragen, der Ehegatte, der den anderen die Wohnung allein mieten lasse, gebe damit zu erkennen, daß er über die gemietete Wohnung keine selbständige Herrschaft ausüben, sondern sie nur in Abhängigkeit von dem anderen mitbenutzen wolle; umgekehrt bringe der Ehegatte, der als Mieter auftrete, damit zugleich zum Ausdruck, daß er die alleinige Raumherrschaft für sich in Anspruch nehme. Der seit dem 1.4.1953 geltende Grundsatz der Gleichberechtigung von Mann und Frau habe keinen unmittelbaren Einfluß auf diese Gegebenheiten[133].

Dieser Auffassung kann nicht gefolgt werden. Sie verkennt, daß sich der Besitz ausschließlich aus den tatsächlichen Verhältnissen ergibt und deshalb nicht davon abhängen kann, wer Mieter und damit gegenüber dem Vermieter zum Besitz berechtigt ist. Besitzer ist, wer die tatsächliche Sachherrschaft ausübt. Dementsprechend ist typisches Merkmal des Besitzdieners seine nach

---

131 Vgl. statt aller Schönke (2. u. 3. Aufl.) S. 136 u. 184; Noack DGVZ 1960, 65 ff. (66 f. sub III); ähnlich für die in der ehelichen Wohnung befindlichen Sachen oben § 3 B II 1. Hierin liegt zugleich auch der Kern der oben abgelehnten Auffassung, die die Ehefrau nicht als selbständige Vertragspartnerin anerkennen will, wenn sie den Mietvertrag „bloß mitunterzeichnet".

132 Vgl. Stein-Jonas-Schönke-Pohle § 885 Anm. I; Baur, Fälle und Lösungen zum Zwangsvollstreckungs-, Konkurs- und Vergleichsrecht S. 23 ff. (24).

133 So vor allem Pohle MDR 1955, 1 ff. (4 f. sub IV) und Stein-Jonas-Schönke-Pohle § 885 Anm. I; ähnlich Kubisch NJW 1958, 873 f. (874); ebenso LG Ellwangen NJW 1953, 1227; OLG Hamburg NJW 1954, 1688 f. = MDR 1954, 742; AG Delmenhorst MDR 1955, 229 = FamRZ 1955, 189 f. [L]; LG Hamburg FamRZ 1956, 228 (Nr. 398) = DGVZ 1956, 60; OLG Köln NJW 1958, 598 f.; OLG Stuttgart ZMR 1959, 51 f.

außen hin erkennbare soziale Abhängigkeit oder Weisungsunterworfenheit gegenüber dem Besitzer[134]. Die Ehefrau könnte demnach nur dann Besitzdienerin sein, wenn sie hinsichtlich der ehelichen Wohnung den Anordnungen des Mannes Folge zu leisten hätte. Eine derartige Fallgestaltung mag denkbar sein; sie widerspricht – wie Baur mit Recht betont[135] – jedenfalls dem „Normalbild" einer Ehe im Zeichen der Gleichberechtigung. Das ergibt sich ohne weiteres schon aus der gesetzlich bestimmten Haushaltsführungspflicht der Ehefrau, der diese gar nicht in der gebotenen selbständigen und selbstverantwortlichen Weise nachzukommen vermag, wenn ihr nicht eine entsprechende Berechtigung zukommt, die Dinge des Haushalts auch tatsächlich zu beherrschen[136].

Dementsprechend wird diese Auffassung heute allgemein abgelehnt. Die h.M. geht davon aus, daß die Ehefrau im Hinblick auf den Gleichberechtigungsgrundsatz in jedem Fall Mitbesitz an der ehelichen Mietwohnung hat, gleichgültig, ob beide Ehegatten Partner des Mietvertrages sind, oder aber ob nur der Mann den Vertrag abgeschlossen hat. Für den umgekehrten Fall, daß ausnahmsweise einmal die Ehefrau den Mietvertrag über die eheliche Wohnung allein abgeschlossen hat, kann nichts anderes gelten[137].

134 Vgl. Baur Sachenrecht § 7 C I 2, S. 58 mit weiteren Nachweisen.

135 Vgl. Baur, Fälle und Lösungen zum Zwangsvollstreckungs-, Konkurs- und Vergleichsrecht S. 23 f. (24). Die damit abgelehnte Auffassung würde überdies zu der wenig einleuchtenden Konsequenz führen, daß nicht nur kein besonderer Räumungstitel gegen die Ehefrau erforderlich wäre; als Besitzdienerin würden ihr auch keinerlei Besitzschutzansprüche gegen Dritte zustehen.

136 So richtig Rheinspitz NJW 1962, 1402 f. (1402). Auch Pohle MDR 1955 aaO. scheint das nicht ganz zu verkennen; auch er nimmt Mitbesitz der Ehegatten an den Wohnräumen an, wenn es sich um keine gemieteten Räume handelt. Zur Rechtfertigung dieser Unterscheidung sind keine einleuchtenden Gründe ersichtlich; die von Pohle angeführten Gründe vermögen nicht zu überzeugen.

137 Vgl. Baur Sachenrecht § 7 B II 1 c, S. 61; Westermann (5. Aufl. 1966) § 20 I, S. 91; Erman-Westermann § 854 Bem. 8; RGRK (Scheffler) § 1363 Anm. 6; Palandt-Hoche § 866 Anm. 1 b; Roquette § 535 Rdnr. 57, S. 45; Bosch Rpfleger 1954, 1 ff., 58 ff. (79 sub XV 1); Breetzke NJW 1953, 734 ff. (sub II f.); Brühl FamRZ 1954, 210 ff. (210 sub II); bes. ausführlich Kremer, Besitz und Besitzberechtigung der Ehegatten an Hausrat und Ehewohnung S. 15 ff. und 136 ff. sowie FamRZ 1954, 186 ff. (186 sub 1); Merkert JR 1966, 379 ff. (380 sub a); Rheinspitz NJW 1962, 1402 f.; Schmidt-Futterer MDR 1962, 700 f. (701); Schumacher DGVZ 1963, 150 ff.; ebenso, mit Ausnahme der oben in Fußnote 133 zitierten Entscheidung die ständige Rechtsprechung; vgl. vor allem LG Münster MDR 1955, 104 f. = FamRZ 1955, 137 (Nr. 30) [L]; LG Hannover DGVZ 1955, 136 f. = FamRZ 1955, 362 (Nr. 431) [L]; bes. eingehend OLG Hamm NJW 1956, 1681 ff. = JMBl NRW 1956, 112 = Rpfleger 1956, 345 = FamRZ 1957, 53 [L]; OLG Hamburg MDR 1960, 769 f. = FamRZ 1963, 650 (Nr. 297) [L]; LG Tübingen NJW 1964, 2021 f. = Die Justiz 1964, 267 = FamRZ 1964, 633 (Nr. 375) = JZ 1965, 107 f. m. Anm. v. Baur. Den umgekehrten Fall, daß die Ehefrau allein Vertragspartner des Vermieters war, hatte das LG Mainz zu entscheiden; vgl. NJW 1953, 1107 ff. Der BGH hatte einen Fall zu beurteilen, in dem die Ehefrau als Eigentümerin ihren Ehemann in die von ihm benutzte Wohnung aufnahm. Er bejahte Mitbesitz des Mannes, folgerte ihn aber, genauso wie bei beweglichen Sachen, aus einem stillschweigend zwischen den Ehegatten zustande gekommenen Gebrauchsüberlassungsvertrag; vgl. BGHZ 12, 380 ff. (398 ff.) = NJW 1954, 918 ff. (920 f.).

Bei dieser Sachlage kann ein Räumungstitel, der lediglich gegen den Ehegatten, der die Wohnung gemietet hat – in der Regel also gegen den Ehemann –, gerichtet ist, zur Vollstreckung gegen den anderen Ehegatten – in der Regel also die Ehefrau – nur dann ausreichend sein, wenn dieser Mitbesitz ausnahmsweise der Vollstreckung nicht entgegensteht.

2. Merkert glaubt[138], den „Schlüssel für die Lösung des Problems, der sowohl ein praktikables Ergebnis als auch eine vertretbare Begründung eröffne", in der analogen Anwendung der Vorschrift des § 739 ZPO gefunden zu haben. Er trägt dazu vor: Eine analoge Anwendung des § 739 ZPO auf die zwangsweise Räumung der ehelichen Wohnung könne nur dann nicht in Betracht kommen, wenn aus der sowohl gesetzestextlichen als auch inhaltlichen Verknüpfung der §§ 1362 BGB/739 ZPO gefolgert werden müsse, die Vorschrift des § 739 ZPO sei lediglich das prozessuale Gegenstück zu der materiellrechtlichen Vorschrift des § 1362 BGB und müsse demnach auch in ihrem Anwendungsbereich im Hinblick auf jene Bestimmung abgesteckt werden. Das sei aber sachlich in keiner Weise geboten. Die Vermutung des § 1362 BGB erfahre eine selbstverständliche inhaltliche Begrenzung aus der Natur der von ihr geregelten Materie; die durch sie bezweckte Beweiserleichterung sei nur bei beweglichen Sachen erforderlich. Für die Gewahrsamsfiktion des § 739 ZPO treffe dies nicht zu. Diese Vorschrift erkläre den lediglich durch die eheliche Lebens- und Haushaltsgemeinschaft begründeten Mitbesitz bei der Zwangsvollstreckung – und zwar der Stellung im Gesetz entsprechend für alle Arten der Zwangsvollstreckung – für unbeachtlich. So gesehen, besitze § 739 ZPO eine eigenständige Funktion gegenüber § 1362 BGB und spiele nicht nur die untergeordnete Rolle des Anhängsels. Durch die Verweisung auf § 1362 BGB enthebe sich der Gesetzgeber der Mühe, eigene Voraussetzungen für die Fiktion des § 739 ZPO aufzustellen; vielmehr knüpfe er die Fiktion an dieselben Voraussetzungen, die auch für die widerlegliche Vermutung des § 1362 BGB vorliegen müßten.

Die analoge Anwendung des § 739 ZPO führt nach Merkert bei der Räumungszwangsvollstreckung in die eheliche Mietwohnung zu folgenden Ergebnissen: Grundsätzlich genügt ein Titel gegen den am Mietvertrag beteiligten Ehegatten, um den Herausgabeanspruch des Gläubigers gegen beide Ehegatten durchzusetzen. Ausnahmsweise muß gegen den am Mietvertrag nicht beteiligten Ehegatten ebenfalls ein Titel vorliegen, wenn dieser auch nur einen Raum der ehelichen Wohnung erkennbar für persönliche Zwecke, etwa für seine berufliche Tätigkeit, verwendet; das ist aus § 739 ZPO in Verbindung mit § 1362 II BGB zu folgern. Desgleichen sind, wie sich aus § 1362 I 2 BGB ergibt, zwei Titel erforderlich, wenn die Ehegatten getrennt leben, weil für diesen Fall die Vermutung des § 1362 BGB und demzufolge

138 Vgl. JR 1966, 379 ff. (380 f. sub e).

auch die an sie anknüpfende Gewahrsamsfiktion des § 739 ZPO nicht eingreift.

Der von Merkert vertretenen Auffassung kann nicht zugestimmt werden. Daß sich aus dem Wortlaut des § 739 ZPO für die von ihm befürwortete Analogie nichts herleiten läßt, bedarf keiner näheren Erläuterung; die klare und eindeutige Anknüpfung an die Vermutung des § 1362 BGB, deren gegenständliche Beschränkung auf bewegliche Sachen auch von Merkert nicht bestritten wird, beweist das genaue Gegenteil. Die Auffassung Merkerts widerspricht damit zugleich dem unmißverständlichen Willen des Gesetzgebers. Hätte der Gesetzgeber des Gleichberechtigungsgesetzes für die Zwangsvollstreckung gegen Ehegatten eine Regelung schaffen wollen, wie sie Merkert aus § 739 ZPO herzuleiten versucht, so hätte er der Bestimmung einen entsprechenden allgemeinen und umfassenden Inhalt geben müssen[139].

Aus der Tatsache, daß der Gesetzgeber stattdessen § 739 ZPO in seinen Voraussetzungen so eindeutig von dem Vorliegen der Voraussetzungen des § 1362 BGB abhängig gemacht hat, kann nur gefolgert werden, daß er den Anwendungsbereich der Vorschrift auf die Vollstreckung in bewegliche Sachen beschränkt wissen wollte; die dagegen von Merkert vorgetragenen Argumente vermögen nicht zu überzeugen. Schließlich ist es aber auch in keiner Weise sachlich geboten, sich über den klaren Wortlaut des § 739 ZPO und den in ihm zum Ausdruck kommenden Willen des Gesetzgebers hinwegzusetzen. Die Schlußfolgerung Merkerts, wenn das Gesetz in § 739 ZPO expressiv verbis für die Zwangsvollstreckung in bewegliche Sachen einen Titel gegen einen der Ehegatten trotz etwaigen Besitzes des anderen für ausreichend erkläre, dann sei nicht einzusehen, warum für die Zwangsvollstreckung in unbewegliche Sachen gegen jeden der Ehegatten ein Titel erforderlich sein sollte, ist nicht zwingend. Beide Fälle sind keineswegs sachidentisch; vielmehr ist die Sach- und insbesondere die Interessenlage in dem einen und dem anderen Fall wesentlich verschieden.

Bei der Räumungszwangsvollstreckung in die eheliche Mietwohnung kann es, anders als bei der Zwangsvollstreckung in bewegliche Sachen, nicht darum gehen zu verhindern, daß der Vollstreckungsgläubiger wegen der Undurchsichtigkeit der Eigentums- und Besitzverhältnisse der Ehegatten an dem Vollstreckungsgegenstand nicht zu seinem Recht kommt; es steht außer Frage, daß die herauszugebende Sache keinem der beiden Ehegatten gehört und daß beide an ihr Mitbesitz haben. Damit ist von vornherein keine sachliche Notwendigkeit für eine analoge Anwendung der §§ 1362 BGB/739 ZPO gegeben. Der Vermieter kann seine Räumungsklage gegen beide Ehegatten richten; gegenüber dem nicht am Mietvertrag beteiligten Ehegatten stehen ihm

---

139 In der Literatur ist teilweise, bevor das Gleichberechtigungsgesetz inkraftgetreten ist, in kritischer Würdigung des Regierungsentwurfs de lege ferenda eine derartige weitergehende Regelung vorgeschlagen worden; vgl. Beitzke ZZP 68, 241 ff. (260 sub IV 4).

je nach seiner eigenen Berechtigung die Vorschriften der §§ 556 III, 985 BGB als Anspruchsgrundlage zur Verfügung[140]. Bei einem obsiegenden Urteil kann er gegen beide vollstrecken, ohne irgendwelche Schwierigkeiten befürchten zu müssen.

Vor allem aber spricht gegen eine analoge Anwendung des § 739 ZPO, daß bei der Räumungszwangsvollstreckung in die eheliche Mietwohnung der Mitbesitz des anderen Ehegatten nicht in gleicher Weise schutzunwürdig ist wie bei der Zwangsvollstreckung in bewegliche Sachen.

Bei der Zwangsvollstreckung in bewegliche Sachen geht es wesentlich um die Frage, ob der Ehegatte des Schuldners der Zwangsvollstreckung in Sachen, die dem Schuldner gehören, unter Berufung auf sein lediglich aus der Unterhaltspflicht oder der Verpflichtung zur ehelichen Lebensgemeinschaft hergeleitetes Recht zum Mitbesitz widersprechen und damit die Befriedigung der Gläubiger weitgehend illusorisch machen können soll. Diese Frage ist, wie wir gesehen haben, mit guten Gründen zu verneinen[141].

Wenn aber feststeht, daß das Recht zum Besitz regelmäßig nicht geeignet ist, dem Ehegatten des Schuldners die Sachen zu erhalten, dann kann es keinen Sinn haben, den Mitbesitz als solchen zu schützen; es ist deshalb konsequent, ihn ausnahmsweise, entgegen der allgemeinen Vorschrift des § 809 ZPO, in § 739 ZPO für unbeachtlich zu erklären. Soweit sein Besitzrecht im Einzelfall einmal stärker ist als das Recht des vollstreckenden Gläubigers, hat der Ehegatte, genauso wie wenn die Sache gar nicht dem Schuldner, sondern ihm gehört, immer noch die Möglichkeit, sich mit der Drittwiderspruchsklage nach § 771 ZPO gegen die Vollstreckung zu wehren[142].

Bei der Räumungszwangsvollstreckung in die eheliche Mietwohnung ist das in zweierlei Hinsicht anders. Einmal ist hier von vornherein nicht zweifelhaft, daß der nicht am Mietvertrag beteiligte Ehegatte die Zwangsräumung aus eigenem Recht nicht endgültig verhindern kann; sein lediglich auf der ehelichen Lebensgemeinschaft beruhendes Recht zum Besitz ist in seiner Existenz, seinem Umfang und seiner Dauer von dem Besitzrecht des anderen Ehegatten abhängig. Andererseits kommt hier aber dem Mitbesitz als solchem eine ganz andere Bedeutung und deshalb auch ein entsprechender Schutz zu. Der Ehegatte, der nicht am Mietvertrag beteiligt ist, hat zu der von den

140 Die Vorschrift des § 556 III BGB ist als Grundlage der Klage gegen den nicht am Mietvertrag beteiligten Ehegatten umstritten. Der ablehnenden Auffassung ist zuzugeben, daß die Vorschrift in erster Linie den Untermieter, also einen beliebigen Dritten, im Auge hat und deshalb für den Ehegatten des Mieters nicht ohne weiteres zu passen scheint. Da aber ihre wesentlichen Voraussetzungen – Mitbesitz ohne Beteiligung am Mietvertrag – auch auf den Ehegatten des Mieters zutreffen, ist zumindest eine analoge Anwendung geboten. Wie hier LG Mainz NJW 1953, 1107 ff.; a.A. Erman-Schopp § 556 Bem. 4 unter Berufung auf LG Siegen MDR 1956, 167 = FamRZ 1956, 110 (Nr. 94) [L].

141 Vgl. oben § 2 B II 2

142 Vgl. auch dazu bereits oben § 2 B II 2

Eheleuten gemeinsam benutzten Wohnung eine wesentlich unmittelbarere und elementarere Beziehung als zu den dem anderen Ehegatten gehörenden beweglichen Sachen, auf deren Verwaltung er, jedenfalls im gesetzlichen und damit im Regelgüterstand, abgesehen von der in § 1369 BGB geregelten Einschränkung, keinen Einfluß hat. Dementsprechend wird er durch die zwangsweise Entfernung aus der ehelichen Wohnung wesentlich unmittelbarer betroffen als durch den Verlust solcher Sachen. Schließlich kommt ihm hinsichtlich der gemeinsamen ehelichen Wohnung eine unmittelbare, selbständige Verantwortung zu. Das gilt vor allem für den Fall, daß in dem Haushalt Kinder oder sonstige Familienangehörige ohne einen abgegrenzten eigenen Bereich mitwohnen und -leben. Der Ehegatte kann, soweit sich die Räumungsklage auch gegen ihn richtet, keine Einwände aus eigenem Recht geltend machen; er kann aber mit dafür sorgen, daß alle Einwände, die dem anderen Ehegatten aus dem Mietverhältnis zustehen, auch vorgetragen werden. Damit treffen die Gründe, die bei der Zwangsvollstreckung in bewegliche Sachen im Hinblick auf den bloßen Mitbesitz einen besonderen Titel gegen den Ehegatten des Schuldners ausnahmsweise haben entbehrlich erscheinen lassen, für die Zwangsräumung der ehelichen Wohnung nicht zu[143]. Demzufolge kann auch insoweit eine analoge Anwendung des § 739 ZPO für die Räumungszwangsvollstreckung nicht in Betracht kommen.

Die von Merkert für eine analoge Anwendung des § 739 ZPO auf die Räumungszwangsvollstreckung vorgetragenen Argumente erweisen sich damit als nicht stichhaltig. Dementsprechend kann für die Vollstreckung gegen den nicht am Mietvertrag beteiligten Ehegatten auf einen besonderen Räumungstitel nicht unter Berufung auf § 739 ZPO verzichtet werden[144].

3. Die h.M. kommt zu dem gleichen Ergebnis wie Merkert. Sie stellt dabei auch ähnliche Überlegungen an. Im Anschluß an eine Entscheidung des OLG Hamm aus dem Jahre 1956 vertritt sie die Auffassung, der nicht am Mietvertrag beteiligte Ehegatte habe zwar Mitbesitz an der ehelichen Mietwohnung, könne aber der Zwangsräumung aufgrund seines lediglich auf der ehelichen Lebensgemeinschaft beruhenden Mitbesitzes nicht wider-

---

143 Vgl. auch dazu oben § 2 B II 2

144 Das ist h.M. Vgl. Baumbach-Lauterbach § 739 Anm. 1 B; Schönke-Baur § 17 2 c, S. 75; Baur JZ 1965, 108 f. (108) sowie FamRZ 1958, 252 ff. (254 sub I 5 b); Stein-Jonas-Schönke-Pohle § 739 Anm. II 7 und § 885 Anm. I; Thomas-Putzo § 739 Anm. 2 d; ähnlich wie Merkert OLG Köln NJW 1958, 598 f. (599); dagegen Kubisch NJW 1958, 873 f. (874) und Schmidt-Futterer MDR 1962, 700 ff. (701 sub 1 b cc), der immerhin § 739 ZPO den allgemeinen Grundgedanken entnehmen will, durch den Gleichberechtigungsgrundsatz dürften für den Gläubiger in der Zwangsvollstreckung keine Erschwernisse eintreten.

sprechen[145]. Zur Begründung wird im wesentlichen übereinstimmend ausgeführt: Die eheliche Lebensgemeinschaft sei ein durch die Eheschließung begründetes familienrechtliches Verhältnis, das allein zwischen den Ehegatten Rechte und Pflichten äußere. Der Mitbesitz des nicht am Mietvertrag beteiligten Ehegatten erhalte sein Gepräge aus der ehelichen Lebensgemeinschaft, die seine Grundlage bilde. Wie diese sei aber auch der Mitbesitz durch eine überwiegende Innenwirkung gekennzeichnet; er sei von dem Besitzrecht des Mieterehegatten abgeleitet und somit von einem durch einen schuldrechtlichen Vertrag geschaffenen Besitzrecht abhängig. Entfalle das den Mitbesitz vermittelnde Grundgeschäft durch Kündigung oder rechtskräftiges Mietaufhebungsurteil, dann werde dem Mitbesitz die Grundlage entzogen. Der akzessorische und damit abgeschwächte Mitbesitz erlösche. Im übrigen würde es arglistig sein, sich auf diesen Mitbesitz zu berufen; werde der Ehegatte, der den Mietvertrag abgeschlossen habe, zur Räumung verurteilt, dann müsse das aufgrund der Familienzugehörigkeit auch der andere Ehegatte hinnehmen[146].

Auch dieser Auffassung kann nicht gefolgt werden. Soweit die angebliche Unbeachtlichkeit des Mitbesitzes des am Mietvertrag nicht beteiligten Ehegatten damit begründet wird, es handele sich dabei lediglich um einen „akzessorischen" und deshalb „abgeschwächten" Mitbesitz, vermag sie schon deshalb nicht zu überzeugen, weil solche Begriffe der Systematik des Sachenrechts fremd sind. Das Sachenrecht kennt keinen schwächeren oder stärkeren Besitz oder Mitbesitz; entweder jemand ist Besitzer oder Mitbesitzer, oder er ist nur Besitzdiener. Wann das eine oder andere der Fall ist, richtet sich allein nach dem Umfang der ausgeübten Herrschaftsmacht und dem dazugehörigen Besitzwillen[147]. Daß in diesem allein entscheidenden Sinn beide Ehegatten im Hinblick auf den Gleichberechtigungsgrundsatz Mitbesitz an der ehelichen Mietwohnung haben, unabhängig davon, wer von ihnen den Mietvertrag abgeschlossen hat, ist bereits nachgewiesen worden und

145 So schon LG Braunschweig Nds.Rpfleger 1954, 183; OLG Hamm NJW 1956, 1681 ff. = JMBl. NRW 1956, 112 = Rpfleger 1956, 345 = FamRZ 1957, 53 [L]; OLG Düsseldorf ZMR 1957, 144; LG Schweinfurt DGVZ 1960, 93 f.; LG Mannheim NJW 1962, 815 f. = DGVZ 1962, 187 = MDR 1962, 310 = JuS 1962, 286 = DGVZ 1963, 104 ff.; LG Düsseldorf MDR 1962, 995; LG Mannheim Die Justiz 1964, 62 f. = WM 1964, 45; LG Mannheim MDR 1964, 59 f. = ZMR 1965, 62 f.; LG Tübingen NJW 1964, 2021 f. = Die Justiz 1964, 267 = FamRZ 1964, 633 (Nr. 375) = JZ 1965, 107 f. m. Anm. v. Baur; LG Essen ZMR 1966, 281 f.; Thomas-Putzo § 885 Anm. 2 b; Roquette § 535 Rdnr. 57, S. 45; Zöller-Scherübl § 885 Anm. 1 c; Firsching NJW 1955, 1172 ff. (1174 sub A und B 2); Noack DGVZ 1960, 65 ff. (66 ff. sub III); ders. WM 1967, 91 ff.; Schmidt-Futterer MDR 1962, 700 ff. (701 sub I b cc).

146 Das LG Tübingen geht sogar so weit, eine vom Vermieter gegen den nicht am Mietvertrag beteiligten Ehegatten erhobene Räumungsklage mit Rücksicht auf das dieser Klage nach der Auffassung der Kammer fehlende Rechtsschutzinteresse als unzulässig abzuweisen; vgl. aaO.

147 So richtig Rheinspitz NJW 1962, 1402 f.; Baur, Fälle und Lösungen zum Zwangsvollstreckungs-, Konkurs- und Vergleichsrecht S. 23 ff. (25 f.) sowie JZ 1965, 108 f. (108 sub 2 b).

wird auch von der h.M. nicht in Zweifel gezogen. In Wirklichkeit bezieht sich denn auch die oben wiedergegebene Argumentation der h.M. überhaupt nicht auf den Besitz als solchen, sondern auf das Recht zum Besitz. Zwischen beidem wird in all den dieser Auffassung folgenden Entscheidungen und auch in der ihnen zustimmenden Literatur keine klare Unterscheidung gemacht; Besitz und Recht zum Besitz werden gleichgesetzt[148]. Eine solche Unterscheidung ist aber unumgänglich, weil die Frage, ob zur Vollstreckung gegen den nichtschuldenden Ehegatten ein besonderer Titel erforderlich oder entbehrlich ist, nach den dafür allein maßgeblichen Vorschriften der §§ 885, 886 ZPO gerade nicht davon abhängt, ob dem Ehegatten ein Recht zum Besitz zusteht oder nicht. Bei jeder Zwangsvollstreckung zur Herausgabe einer Sache wird gerade deshalb vollstreckt, weil ein Besitzrecht fehlt, ohne daß deswegen die Zwangsvollstreckung ohne Titel durchgeführt werden könnte[149]. Das ist im übrigen auch allgemeine Meinung. So wird insbesondere ein Titel gegen den Mieter nicht als ausreichend angesehen, um auch den Untermieter aus dem Besitz der von ihm bewohnten Räume zu setzen, obwohl das Besitzrecht des Untermieters – genauso wie das des nicht am Mietvertrag beteiligten Ehegatten – nach § 556 III BGB in seiner Existenz und seiner Dauer von dem Besitzrecht des Mieters abhängig ist[150].

Damit erweisen sich die Gründe, die von der h.M. in Rechtsprechung und Literatur für die ausnahmsweise Unbeachtlichkeit des Mitbesitzes des am Mietvertrag nicht beteiligten Ehegatten bei der Räumungszwangsvollstreckung vorgetragen werden, nicht als stichhaltig; es ist nicht gerechtfertigt, von der Akzessorietät des Besitzrechtes ohne weiteres auf die Irrelevanz des Mitbesitzes für die Zwangsräumung zu schließen[151]. Die davon zu trennende Frage, ob der Mitbesitz des nicht am Mietvertrag beteiligten Ehegatten als solcher, ähnlich wie bei der Zwangsvollstreckung in bewegliche Sachen, wenn der Ehegatte des Schuldners lediglich auf der ehelichen Lebensgemeinschaft beruhenden Mitbesitz an Sachen des Schuldners hat, als unbeachtlich behandelt zu werden verdient, ist bereits im vorhergehenden ausführlich erörtert und schließlich verneint worden[152].

Besonders deutlich offenbart sich die Ungereimtheit der von der h.M. vertretenen Auffassung in ihrer Einschränkung für den Fall, daß die Ehegatten

148 Vgl. besonders typisch OLG Köln NJW 1958, 598 f. Das OLG kommt dann schließlich noch zu dem Schluß, die am Mietvertrag nicht beteiligte Ehefrau sei nur Besitzdienerin.

149 So richtig Baur, Fälle und Lösungen zum Zwangsvollstreckungs-, Konkurs- und Vergleichsrecht, S. 23 ff. (25 sub 2 b) und JZ 1965, 108 f. (108 sub 2 a); ebenso Rheinspitz NJW 1962, 1402 f. (1403); insoweit auch Merkert JR 1966, 379 ff. (380 sub b).

150 Vgl. Baumbach-Lauterbach § 885 Anm. 1 B; Stein-Jonas-Schönke-Pohle § 885 Anm. I; Thomas-Putzo § 885 Anm. 2 b; Zöller-Scherübl § 885 Anm. 1 c; Schmidt-Futterer MDR 1962, 700 ff. (702 sub 3).

151 So richtig Baur aaO.; Merkert aaO.; Rheinspitz aaO.

152 Vgl. oben 2.

sich trennen und der Ehegatte, der die Wohnung gemietet hat, auszieht. Jetzt soll gegen den in der Wohnung zurückbleibenden Ehegatten eine Zwangsräumung nur zulässig sein, wenn auch gegen ihn ein Räumungstitel vorliegt. Die h.M. begründet diese Einschränkung mit dem Hinweis, der dem am Mietvertrag nicht beteiligten Ehegatten nach dem Auszug des anderen zugefallene Alleinbesitz sei so stark, daß nunmehr ein lediglich gegen den ursprünglich aus dem Mietvertrag berechtigten Ehegatten gerichteter Titel zur Vollstreckung gegen ihn nicht mehr ausreichen könne[153].

Zunächst einmal kann nicht zweifelhaft sein, daß das Rechtsinstitut des „stärkeren" oder „erstärkten" Besitzes dem geltenden Sachenrecht genauso wesensfremd ist wie sein Gegenteil, der „akzessorische" und damit „abgeschwächte" Besitz oder Mitbesitz. Aber davon einmal ganz abgesehen ist die von der h.M. damit befürwortete Differenzierung auch sachlich nicht begründet; dem am Mietvertrag nicht beteiligten Ehegatten kann, wenn man mit dem ihm bei ungestörter Ehe auch von der h.M. zugestandenen Mitbesitz an der ehelichen Wohnung ernst macht, dadurch, daß die Wohnung nach dem Auszug des anderen Ehegatten in seinen Alleinbesitz übergeht, im Verhältnis zu dem Vermieter qualitativ keine stärkere Besitzposition zukommen als er sie bisher schon hatte. Schließlich macht diese Differenzierung die Argumentation der h.M. widersprüchlich. Für den Normalfall, daß die Eheleute in ungestörter Ehe zusammenleben, hält die h.M. einen besonderen Räumungstitel gegen den am Mietvertrag nicht beteiligten Ehegatten für entbehrlich, weil ihm gegenüber dem Vermieter kein selbständiges Besitzrecht zukommt. An dieser Rechtslage ändert sich aber durch die Trennung nichts; der Ehegatte, der die Wohnung gemietet hat, kann auch nach seinem Auszug dem in der Wohnung verbliebenen Ehegatten nicht mehr Rechte vermitteln, als ihm selbst aufgrund des Mietverhältnisses gegenüber dem Vermieter zustehen.

4. Baur, der insoweit mit der hier vertretenen Auffassung übereinstimmt, glaubt, aus vollstreckungsrechtlichen Überlegungen heraus zu dem gleichen Ergebnis wie die h.M. kommen zu können. Er geht bei seinen Überlegungen davon aus, daß es keine praktische Lösung sei, außer dem Titel gegen den Mieter noch einen weiteren Titel gegen den anderen Ehegatten zu verlangen,

---

153 Vgl. LG Aachen ZMR 1958, 267; AG Wilhelmshaven DGVZ 1960, 138; OLG Düsseldorf MDR 1960, 234 = DGVZ 1960, 92 = ZZP 73, 294; LG Darmstadt MDR 1960, 407; AG Berlin-Neukölln DGVZ 1962, 128 f.; LG Mannheim NJW 1962, 815 f. = DGVZ 1962, 187 und 1963, 104 ff. = MDR 1962, 310 = JuS 1962, 286; Schmidt-Futterer MDR 1962, 700 f. (701 f. sub 1 c); Zöller-Scherübl § 885 Anm. 1 c. Dabei wird überwiegend nach dem Zeitpunkt des Auszugs unterschieden: Ist der Ehegatte, der den Mietvertrag abgeschlossen hat, erkennbar vor Rechtshängigkeit der Räumungsklage ausgezogen, dann soll ein neuer Titel gegen den in der Wohnung verbliebenen Ehegatten erforderlich sein; hat er dagegen die eheliche Wohnung nach Rechtshängigkeit der Räumungsklage verlassen, dann soll eine Umschreibung des gegen ihn erfolgten Räumungstitels nach §§ 727, 325 ZPO auf den in der Wohnung zurückgebliebenen Ehegatten zulässig sein. So vor allem LG Mannheim aaO. und Schmidt-Futterer aaO.

weil das Besitzrecht des nicht am Mietvertrag beteiligten Ehegatten letztlich auf dem Vertrag zwischen dem Mieterehegatten und dem Vermieter beruhe und dementsprechend der nicht am Mietvertrag beteiligte Ehegatte im Prozeß keine anderen Einwendungen gegen die Räumungsklage vorbringen könne als der Mieterehegatte. Einen Hinweis für die Lösung des Problems sieht er in § 885 II ZPO. Dort sei gesagt, daß bei der Zwangsräumung die beweglichen Sachen dem Schuldner oder in seiner Abwesenheit „einer zu seiner Familie gehörenden erwachsenen Person" zu übergeben sind. Daraus folge mittelbar, daß das Gesetz mit Familienangehörigen, die durch die Räumung betroffen werden, rechne, sie aber nicht als Räumungsschuldner behandele, vielmehr ganz selbstverständlich davon ausgehe, daß der gegen den Schuldner gerichtete Räumungstitel auch die Zwangsräumung gegen die Familienmitglieder gestatte[154].

Auch die Lösung Baurs vermag nicht zu überzeugen. Zunächst einmal erscheint es schon sehr fraglich, ob § 885 II ZPO eine hinreichende Grundlage für den ihm von Baur entnommenen Rechtsgedanken enthält. Aber selbst wenn man diese Frage bejahen sollte, widerspricht die von Baur vorgeschlagene Lösung wesentlich dem durch den Gleichberechtigungsgrundsatz geprägten Leitbild der Ehe. Es ist kein Zufall, daß Baur – wie übrigens auch alle Entscheidungen, die einen Titel gegen den Ehegatten, der die Wohnung gemietet hat, zur Räumungsvollstreckung auch gegen den anderen Ehegatten genügen lassen wollen – bei der von ihm vorgeschlagenen Lösung den „Normalfall" im Auge hat, daß nur der Ehemann die eheliche Wohnung gemietet hat. Indem Baur davon ausgeht, die Ehefrau werde wie die übrigen Familienmitglieder von der gegen den Ehemann eingeleiteten Vollstreckung ohne weiteres mitbetroffen, billigt er dem Ehemann im Grunde doch wieder die Rolle des „Haushaltsvorstandes" zu. Er gerät damit in gefährliche Nähe zu der im vorhergehenden abgelehnten Auffassung, die auch noch nach Inkrafttreten des Gleichberechtigungsgrundsatzes keine Bedenken hatte, die Ehefrau weiterhin als Besitzdienerin des Mannes zu behandeln[155].

Es kann nicht zweifelhaft sein, daß im Falle einer Räumungszwangsvollstreckung in die eheliche Mietwohnung die übrigen Familienmitglieder regelmäßig das Schicksal der beiden Ehegatten zu teilen haben; gegen sie sind, soweit ihnen nicht ausnahmsweise innerhalb der ehelichen Wohnung ein abgegrenzter eigener Bereich eingeräumt ist, besondere Titel entbehrlich. Das ergibt sich aber ohne weiteres aus der Tatsache, daß sie jedenfalls in aller Regel nur Besitzdiener sind[156]. Für den nicht am Mietvertrag beteiligten Ehegatten – in aller Regel also für die Ehefrau – kann das, wenn man den ihm heute allgemein zuerkannten Mitbesitz ernst nimmt, nicht in Betracht kommen.

---

154 Vgl. Baur, Fälle und Lösungen zum Zwangsvollstreckungs-, Konkurs- und Vergleichsrecht, S. 23 ff. (26 sub b) und JZ 1965, 108 f. (sub 4).

155 Vgl. oben 1.

156 So richtig Schmidt-Futterer MDR 1962, 700 ff. (702 sub 2).

Es ist auch keineswegs unpraktisch zu fordern, daß immer beide Ehegatten auf Räumung verklagt werden müssen. Es ist richtig, daß der nicht am Mietvertrag beteiligte Ehegatte gegen die Räumungsklage keine anderen Einwände vorbringen kann als der Ehegatte, der Vertragspartner des Vermieters ist; er hat aber – darauf ist schon einmal hingewiesen worden – durchaus ein schutzwürdiges Interesse daran, durch seine Beteiligung an dem Räumungsprozeß mit dafür sorgen zu können, daß alle zu Gebote stehenden Einwände vorgebracht werden.

5. Damit kann als Ergebnis festgehalten werden: Bei der Räumungszwangsvollstreckung in die eheliche Wohnung ist auch dann, wenn die Wohnung nur von einem Ehegatten gemietet worden ist, grundsätzlich ein Räumungstitel gegen beide Ehegatten erforderlich[157]. Soweit sich der Räumungstitel nur gegen den Ehegatten richtet, der die Wohnung gemietet hat, darf nicht nur nicht gegen den anderen Ehegatten vollstreckt werden; grundsätzlich darf in diesem Fall keiner von den beiden Ehegatten zwangsweise aus der ehelichen Wohnung gesetzt werden, „weil die gewaltsame Heraussetzung eines Ehegatten, ohne daß die Verlegung der ehelichen Wohnung selbst erzwungen werden kann, als Verstoß gegen Artikel 6 GG unzulässig wäre“[158].

Eine andere Frage ist, ob ein zweiter Titel gegen den nicht am Mietvertrag beteiligten Ehegatten in jedem Fall von vornherein zu fordern ist, ob also der Gerichtsvollzieher, soweit ein solcher Titel nicht vorliegt, es ablehnen kann, überhaupt tätig zu werden. Diese Frage ist zu verneinen.

Für die Durchführung der Zwangsvollstreckung nach den §§ 883 ff. ZPO ist allgemein anerkannt, daß dann, wenn sich die herauszugebende Sache im Gewahrsam eines Dritten befindet, § 886 ZPO nur anzuwenden ist, wenn der Dritte die Herausgabe verweigert; insoweit enthält § 809 ZPO einen allgemeinen Rechtsgedanken, der auch für die Zwangsvollstreckung nach den §§ 883 ff. ZPO gültig ist[159]. Dieser allgemeine Grundsatz ist auch für die Räumungszwangsvollstreckung in die eheliche Wohnung anzuwenden. Dementsprechend ist ein zweiter Titel gegen den nicht am Mietvertrag beteiligten Ehegatten nur dann erforderlich, wenn feststeht, daß der Ehegatte nicht bereit ist, das Schicksal seines zur Räumung verurteilten Gatten zu teilen.

---

157 Wie hier LG Mainz NJW 1953, 1107 ff.; LG Hannover DGVZ 1955, 136 f. = FamRZ 1955, 362 (Nr. 431) [L]; LG Augsburg ZMR 1959, 10 [L] = WM 1958, 100; AG Schweinfurt DGVZ 1960, 61; OLG Hamburg MDE 1960, 769 f. = FamRZ 1963, 650 (Nr. 297) [L]; Bosch Rpfleger 1954, 1 ff.; 58 ff. (79 sub XV 1); Breetzke NJW 1953, 734 ff.; Brühl FamRZ 1954, 210 ff. (215 sub V); Kremer, Besitz und Besitzberechtigung der Ehegatten an Hausrat und Ehewohnung S. 136 ff.; ders. FamRZ 1954, 186 ff. (186 f. sub 1); Noack DGVZ 1962, 101 ff. (101 f.); Rheinspitz NJW 1962, 1402 f.; Schumacher DGVZ 1963, 150 ff.

158 So richtig LG Mainz aaO.

159 Vgl. Stein-Jonas-Schönke-Pohle § 886 Anm. I; Thomas-Putzo § 886 Anm. 1.

Ob ein Dritter bereit ist, eine in seinem Mitbesitz befindliche Sache herauszugeben, entscheidet sich in dem Zeitpunkt, in dem die Vollstreckungshandlung vorgenommen werden soll. Für die Bereitschaft des Ehegatten, die Wohnung zu räumen, ohne daß ein besonderer Räumungstitel gegen ihn vorliegt, kann grundsätzlich nichts anderes gelten. In der Praxis wird man diese Bereitschaft unterstellen müssen, wenn der Ehegatte, gegen den kein Räumungstitel vorliegt, sich nicht unverzüglich gegen die drohende Vollstreckung wendet, sobald der Gerichtsvollzieher den Ehegatten den von ihm angesetzten Räumungstermin mitgeteilt hat. Eine spätere Weigerung hat der Gerichtsvollzieher nicht zu beachten. Zur Vermeidung unnötiger Schwierigkeiten bei der Vollstreckung ist jedem Vermieter zu raten, die Räumungsklage von vornherein gegen beide Ehegatten zu richten.

§ 4 Die Auswirkungen der Verpflichtungs- und Verfügungsbeschränkungen der Ehegatten in der Zwangsvollstreckung

I. Die Zwangsvollstreckung wegen Geldforderungen in vinkulierte Sachen

Den in den §§ 1365 ff. BGB geregelten Verpflichtungs- und Verfügungsbeschränkungen kommt in der Zwangsvollstreckung unterschiedliche Bedeutung zu. Vollstreckt ein Gläubiger eines Ehegatten wegen einer Geldforderung in vinkulierte Sachen, so stehen die Vorschriften der §§ 1365, 1369, 1368 BGB nicht entgegen, weil die Pfändung keine rechtsgeschäftliche Verfügung i.S.d. § 1368 BGB ist. Das folgt schon aus dem Wortlaut dieser Bestimmung, vor allem aber aus dem mit ihr verfolgten Sinn und Zweck. Danach soll das von der Vinkulierung erfaßte eheliche Gut vor einseitigem Verpflichtungs- und Verfügungsgeschäften eines Ehegatten geschützt werden; dagegen sollen die vinkulierten Gegenstände nicht generell dem Zugriff der Gläubiger entzogen werden. Insoweit ist auch für die im gesetzlichen Güterstand der Zugewinngemeinschaft lebende Ehe kein über die Vorschriften der §§ 811 ff. ZPO hinausgehender Schutz vorgesehen[160].

II. Die Zwangsvollstreckung zur Einwirkung der Herausgabe vinkulierter Sachen

Etwas anderes hat dann zu gelten, wenn ein Gläubiger eines Ehegatten aus einem Titel auf Herausgabe vollstreckt. Hat z.B. ein Ehemann ohne Wissen seiner Ehefrau einem Gläubiger zur Sicherung eines Darlehens ein ihm gehörendes Fernsehgerät übereignet und hat der Gläubiger gegen den Ehemann, da dieser das Darlehen nicht zurückgezahlt hat, einen Herausgabetitel erwirkt, weil das Gericht, entweder in Unkenntnis der Tatsache, daß es sich um einen verheirateten Schuldner handelt oder daß er im gesetzlichen Güterstand lebt, § 1369 BGB nicht beachtet hat, dann ist zwar der Gerichtsvollzieher nach §§ 1362 I 1 BGB/739 ZPO in jedem Fall berechtigt, das Fernsehgerät wegzunehmen; die Ehefrau kann aber aufgrund des ihr in den §§ 1368, 1369 BGB eingeräumten Rechts der Zwangsvollstreckung mit der Drittwiderspruchsklage nach § 771 ZPO widersprechen.

160 Das ist allgemeine Ansicht; vgl. Gernhuber § 35 I 6, S. 325; Erman-Bartholomeyczik § 1365 Bem. 7 a; Staudinger-Felgentraeger § 1369 Rdnr. 44; Baur FamRZ 1958, 252 ff. (256 sub II 2 Fußnote 24); Berges KTS 1958, 65 ff. (69 f.); Lorenz JZ 1959, 105 ff. (109 sub IV); Ziege NJW 1957, 1579 ff. (1580 f. sub IV); Kemper § 2 A III 2 (S. 240 f.) mit weiteren Nachweisen; Lauhoff § 7 III 1 (S. 97 f.), ebenfalls mit weiteren Nachweisen § 16 (S. 188 f.).

In § 771 ZPO kommt es für die Bejahung eines die Veräußerung hindernden Rechts wesentlich darauf an, ob das Recht des Dritten geeignet ist, eine Veräußerung des Gegenstandes durch den Schuldner und zum Zwecke der Befriedigung seiner Gläubiger zu verhindern. Damit ist entscheidend, ob der Gegenstand aufgrund dieses Rechtes aus dem freien, der Verfügung des Schuldners und dem Zugriff seiner Gläubiger unterliegenden Vermögen des Schuldners ausgeschieden ist oder – wie das Reichsgericht formuliert hat[161] – ob „die Veräußerung der den Vollstreckungsgegenstand bildenden Sache durch den Schuldner dem berechtigten Dritten gegenüber sich als rechtswidrig darstellen würde"[162]. Diese Voraussetzung ist aber hinsichtlich des dem anderen Ehegatten – in unserem Beispiel der Ehefrau – durch § 1368 BGB i.V.m. § 1369 BGB eingeräumten Rechts zweifellos erfüllt[163].

Für den Fall, daß der Schuldnerehegatte einen Haushaltsgegenstand nur verkauft, aber noch nicht übereignet und der Gläubiger einen Titel auf Übereignung und Übergabe der Sache gegen ihn erwirkt hat, gilt das gleiche; auch hier kann der Ehegatte des Schuldners, solange das Urteil noch nicht rechtskräftig geworden und die Zwangsvollstreckung nach §§ 894, 897 ZPO beendet ist, sein Recht aus § 1368 BGB mit der Drittwiderspruchsklage nach § 771 ZPO wahren[164].

161 Vgl. RGZ 116, 363 ff. (366).

162 Ebenso Schönke-Baur § 44 II, S. 187; Stein-Jonas-Schönke-Pohle § 771 Anm. II 1.

163 Das ist allgemeine Meinung; vgl. Dölle § 52 III 3, S. 763; Erman-Bartholomeyczik § 1365 Bem. 7 b aa; Gernhuber § 35 VI 2, S. 345; Staudinger-Hübner § 1369 Rdnr. 45; Schönke-Baur § 17 III 1, S. 75; ders. FamRZ 1958, 252 ff. (256 f. sub II 2); Brox FamRZ 1961, 281 ff. (285 sub III b). Die von Lauhoff § 16 I, S. 189 ff. dagegen erhobenen Bedenken vermögen nicht zu überzeugen. Gegen die von ihm befürwortete Lösung über § 772 ZPO spricht, daß diese Vorschrift nur relative Veräußerungsverbote betrifft, die Bestimmungen der §§ 1365, 1369 BGB aber nach fast einhelliger Auffassung absolute Veräußerungsverbote enthalten. In der Literatur herrscht darüberhinaus weitgehend Übereinstimmung darüber, daß der Ehegatte des Schuldners auch noch nach Beendigung der Zwangsvollstreckung in einem neuen Prozeß den Gläubiger unter Berufung auf § 1368 BGB auf Herausgabe der Sache in Anspruch nehmen kann; die Rechtskraft des Urteils, das der Gläubiger gegen den Schuldner erstritten hat, steht dem nicht entgegen. Der Gläubiger muß, wenn er einen zweiten Prozeß vermeiden will, mit seiner Herausgabeklage gegen den Schuldner eine Feststellungsklage gegen den anderen Ehegatten verbinden dahin, daß ihm ein Rückforderungsrecht aus § 1368 BGB nicht zusteht. Vgl. dazu vor allem mit ausführlicher und überzeugender Begründung sowie zahlreichen weiteren Nachweisen Hartung § 13, S. 111 ff.; ebenso Lauhoff § 7 III S. 97 ff. und §§ 13 ff., S. 167 ff.; Kemper § 2, S. 127 ff. (insbesondere 132 ff.).

164 Vgl. Hartung § 13 II, S. 117; Lorenz JZ 1959, 105 ff. (109 sub IV). Auch für diesen Fall herrscht weitgehend Einigkeit darüber, daß der Ehegatte des Schuldners auch noch nach Rechtskraft des Urteils in einem neuen Prozeß die Sache von dem Erwerber unter Berufung auf § 1368 BGB herausverlangen kann. Die Verurteilung des Schuldnerehegatten zur Abgabe der Einigungserklärung macht die Zustimmung des anderen Ehegatten nicht entbehrlich. Das rechtskräftige Urteil ersetzt nach § 894 ZPO stets nur die Willenserklärung als solche, nicht aber auch andere Bestandteile des Rechtsgeschäfts. Vgl. auch dazu vor allem Hartung § 13 II, S. 117 ff. mit zahlreichen weiteren Nachweisen; Lorenz aaO.; Gernhuber § 35 I 6, S. 326 f.

ZWEITER HAUPTTEIL
DER KONKURS

§ 5 Das Aussonderungsrecht des einen Ehegatten im Konkurs des anderen

A. Geltung und Bedeutung der Sonderregelung des § 1362 BGB im Konkurs eines Ehegatten

I. Die Unentbehrlichkeit der Vorschrift für den Konkurs eines Ehegatten

Für den Konkurs eines Ehegatten gelten die gleichen Besonderheiten, wie sie der Gläubiger eines verheirateten Schuldners bei der Einzelzwangsvollstreckung in bewegliche Sachen antrifft.

Nach § 1 I KO umfaßt das Konkursverfahren das gesamte einer Zwangsvollstreckung unterliegende Vermögen des Gemeinschuldners, das diesem zur Zeit der Eröffnung des Konkursverfahrens gehört. Ist der Gemeinschuldner verheiratet, dann haben die Gläubiger und damit auch der Konkursverwalter ähnliche Schwierigkeiten, die Grenzen zwischen dem beweglichen Vermögen des Gemeinschuldners und dem seines Ehegatten festzustellen wie der Gläubiger bzw. der Gerichtsvollzieher in der Einzelzwangsvollstreckung[165]. Sie sind hier oft noch größer, weil die Gläubiger, mehr als bei der Einzelzwangsvollstreckung, neben den ohne Zutun der Ehegatten bestehenden Unsicherheiten in der rechtlichen Zuordnung der Vermögensgegenstände mit bewußten Schiebungen und Verschleierungen durch die Ehegatten rechnen müssen. Ehegatten werden zu solchen Manipulationen naturgemäß in erhöhtem Maße verleitet. Einerseits werden durch den Konkurs des einen immer zugleich auch wirtschaftliche Interessen des anderen tangiert; andererseits kann die Veränderung der rechtlichen Zuordnung hier stets ohne Preisgabe der wirtschaftlichen Nutzung erfolgen.

Angesichts dieser Sachlage bedarf es keiner näheren Erläuterung, daß auch für den Konkurs eines Ehegatten auf die Vorschrift des § 1362 BGB nicht verzichtet werden kann. Der besonderen konkursrechtlichen Situation entsprechend, kommt sie hier in erster Linie dem Konkursverwalter zugute[166].

---

165 Vgl. dazu oben § 2 A. I

166 Vgl. Jaeger-Lent § 45 Rdnr. 5 und Nachtrag S. 921; Mentzel-Kuhn § 45 Anm. 1; RGRK (Scheffler) § 1362 Anm. 2; Staudinger-Hübner § 1362 Rdnr. 33; Menz S. 24; Reinicke Betr. 1965, 961 ff. (963); RGZ 120, 107 ff. (109); BGH NJW 1955, 20 = Betr. 1954, 1045 = FamRZ 1955, 42 = LM § 1362 BGB Nr. 2

Es gilt aber nicht nur die den Gläubigern günstige Vermutung des § 1362 I 1 BGB, sondern auch die grundsätzlich zum Nachteil der Gläubiger für das Eigentum des Ehegatten des Gemeinschuldners sprechende Vermutung des § 1362 II BGB; soweit der Ehegatte die Voraussetzungen für das Eingreifen der Vermutung nachzuweisen vermag, muß der Konkursverwalter sie gegen sich gelten lassen[167].

II. Die durch die Eigentumsvermutungen bedingte Veränderung der Beweislast

Die Vermutung des § 1362 I 1 BGB für das Eigentum des Gemeinschuldners und damit für die Massezugehörigkeit greift sowohl für den Fall ein, daß der Konkursverwalter eine bewegliche Sache als massezugehörig in Anspruch nimmt als auch für den Fall, daß der Ehegatte des Gemeinschuldners seinerseits als Kläger die Massezugehörigkeit verneint und Aussonderung begehrt. Die dadurch eintretende Veränderung der Beweislast ist erheblich. Soweit der Konkursverwalter als Kläger auftritt, hat er nur den Besitz eines der beiden Ehegatten nachzuweisen; der ihm sonst nach den allgemeinen Vorschriften obliegende Beweis des gemeinschuldnerischen Eigentums ist ihm durch die Vermutung abgenommen. Demgegenüber hat der Ehegatte des Gemeinschuldners sowohl als Kläger als auch als Beklagter die widerlegbare Vermutung auszuräumen. Als Kläger hätte er zwar ohnehin die aussonderungsbegründenden Tatsachen zu beweisen; hier stellt ihn aber die Vermutung des § 1362 I 1 BGB insofern schlechter, als er seine Beweisführung nicht mehr auf § 1006 BGB zu stützen vermag[168].

Eine für den Ehegatten des Gemeinschuldners günstigere Regelung ergibt sich dagegen aus § 1362 II BGB. Die Bestimmung stellt einmal für die Fälle, in denen der Konkursverwalter eine von § 1362 II BGB erfaßte Sache zur Konkursmasse ziehen will, den Regelzustand der Beweisverteilung wieder her; der Konkursverwalter muß beweisen, daß die fragliche Sache Eigentum des Gemeinschuldners ist. Andererseits gewährt sie dem Ehegatten des Gemeinschuldners eine eigene Vermutung, auf die er sich für die Geltendmachung des Aussonderungsanspruchs berufen kann[169].

---

167 Vgl. Staudinger-Hübner aaO.; Menz S. 25.

168 So mit Recht Menz S. 26 f.; vgl. auch oben § 2 A III 1.

169 Vgl. auch dazu bereits oben § 2 A III 3. Dem theoretisch denkbaren Fall, daß sich auch der Konkursverwalter einmal auf § 1362 II BGB beruft, kommt genauso wenig praktische Bedeutung zu wie dem entsprechenden Fall bei der Einzelzwangsvollstreckung. Ebenso Menz S. 27 f.

III. Der Geltungsbereich der Vermutungen

Hinsichtlich des Geltungsbereiches der Eigentumsvermutungen ergeben sich für den Konkurs keinerlei Besonderheiten gegenüber der Einzelzwangsvollstreckung. Die Vermutungen unterliegen in gegenständlicher, personenrechtlicher, in zeitlicher und in güterrechtlicher Hinsicht den gleichen Grundsätzen, die auch ihren Geltungsbereich für die Einzelzwangsvollstreckung bestimmen. Insoweit kann deshalb in vollem Umfang auf die entsprechenden Ausführungen im ersten Teil der Untersuchung verwiesen werden[170].

IV. Die Anwendung der Bestimmung für den Fall, daß beide Ehegatten in Konkurs geraten

Ähnlich wie in der Einzelzwangsvollstreckung, wenn ein Mannes- und ein Frauengläubiger in dieselbe Sache vollstrecken, entsteht im Konkurs aufgrund der Eigentumsvermutung des § 1362 I 1 BGB eine Kollision, wenn beide Ehegatten in Konkurs fallen[171]. Die Vermutung spricht zugunsten der Massezugehörigkeit in dem Konkurs des einen wie auch des anderen Ehegatten. Soweit es einem der beiden Konkursverwalter gelingt, die Vermutung zu widerlegen und das Eigentum seines Gemeinschuldners an der fraglichen Sache nachzuweisen, ist die Kollision unproblematisch. Die eigentliche Problematik ergibt sich, wie bei der Einzelzwangsvollstreckung, dann, wenn keinem von beiden dieser Beweis gelingt.

In der Einzelzwangsvollstreckung bietet sich hier, wie wir gesehen haben[172], eine analoge Anwendung des in § 804 III ZPO enthaltenen Grundsatzes der zeitlichen Priorität als sachgerechte Lösung an. In der Konkursordnung fehlt begreiflicherweise eine ähnliche Bestimmung, weil der Konkurs seinem Wesen nach die Gläubiger zu einer Verlustgemeinschaft zusammenführt und dementsprechend das Problem der Priorität der Berechtigung des einen oder anderen Gläubigers nicht auftauchen kann.

Fraglich könnte sein, ob bei dieser Sachlage eine analoge Anwendung der für die Einzelzwangsvollstreckung befürworteten Regelung in Betracht kommen kann. Dabei müßte an die Stelle der Einzelpfändung hier der im Eröffnungsbeschluß für die Konkurseröffnung bestimmte Zeitpunkt (§ 108 KO) treten, der als Gesamtbeschlag nach § 1 KO die Masse festlegt.

Menz, der, soweit ersichtlich, bisher als einziger dieser Problematik nachgegangen ist, hat die Frage verneint[173]. Zunächst einmal gehöre eine Sache,

---

170 Vgl. oben § 2 A. IV

171 Hinsichtlich der Vermutung des § 1362 II BGB ist eine solche Kollision ebenfalls denkbar; doch werden Fälle dieser Art praktisch so selten vorkommen, daß sie hier außer Betracht bleiben können.

172 Vgl. oben § 2 B VI

173 Vgl. S. 37 f.

die der Vermutung des § 1362 I 1 BGB unterliege, nicht schon kraft dieser Vermutung zur Konkursmasse, wenn auch bei Nichtgelingen des Gegenbeweises praktisch eine Haftung der Sache als Massebestand eintrete. Entscheidend gegen eine solche Analogie spreche jedoch die Tatsache, daß eine dem § 804 IV ZPO entsprechende Vorschrift dem Konkursrecht unbekannt sei und auch der Besonderheit des Konkurses, in dem das Prioritätsprinzip durch den Grundsatz der Verlustgemeinschaft aller Gläubiger ersetzt sei, zuwider laufen würde. Menz ist demgegenüber der Auffassung, man müsse, um zu einer Lösung zu gelangen, davon ausgehen, daß der Widerspruch der Vermutungen die Vermutungen selbst außer Kraft setze. § 1362 BGB wolle gerade in zweifelhaften Fällen zu einem eindeutigen Ergebnis führen. Wo durch das Zusammentreffen zweier entgegengesetzter Vermutungen gerade eine unausräumbare Unklarheit entstehe, würden die Vermutungen gegenseitig in ihrem Wert aufgehoben, so daß sie nicht berücksichtigt werden könnten. Das aber bedeute, daß bei beiderseitigem Konkurs des Ehegatten sowohl der Konkursverwalter des Mannes als auch der Konkursverwalter der Frau den Eigentumsbeweis unabhängig von § 1362 BGB zu führen hätten. Dabei werde mangels einer besonderen Bestimmung die Berufung auf § 1006 BGB nicht abgeschnitten werden können.

Weder die Argumentation von Menz gegen die analoge Anwendung der für die Einzelzwangsvollstreckung anerkannten Regelung noch die von ihm stattdessen empfohlene Lösung vermögen zu überzeugen.

Der grundsätzlich zu Recht erhobene Einwand, eine der Vermutung des § 1362 I 1 BGB unterliegende Sache gehöre nicht schon kraft dieser Vermutung zur Konkursmasse, ist für die hier zu entscheidende Situation nicht stichhaltig. Wie Menz selbst richtig erkennt, kann ein Zurückgreifen auf den Grundsatz der zeitlichen Priorität, ähnlich dem Fall in der Einzelzwangsvollstreckung, daß es keinem der beiden Ehegatten gelingt, die Vermutung des § 1362 I 1 BGB auszuräumen, nur dann in Betracht kommen, wenn beide Konkursverwalter vergeblich versucht haben, die Vermutung zu widerlegen. Steht aber fest, daß die Vermutung nicht zu widerlegen ist, dann tritt, wenn man einmal davon ausgeht, daß die Vermutung zugunsten der Massezugehörigkeit in dem Konkursverfahren, das zuerst eröffnet worden ist, den Vorrang hat, nicht nur praktisch eine Haftung der fraglichen Sache als Massebestandteil dieses Konkurses ein; vielmehr ist die aufgrund der Vermutung bewirkte Zuordnung für die Dauer dieses Konkursverfahrens genauso endgültig und unanfechtbar, wie wenn die Massezugehörigkeit nach den allgemeinen Vorschriften ordentlich bewiesen worden wäre. Die Tatsache, daß die Frage, ob die von der Vermutung des § 1362 I 1 BGB erfaßte Sache in die Masse des einen oder anderen Konkurses fällt, erst nach Eröffnung des Konkurses entschieden wird, kann ebenfalls nicht negativ ins Gewicht fallen; eine solche Situation ist keine Ausnahmeerscheinung, vielmehr wird in zahlreichen anderen Fällen die Massezugehörigkeit einer

Sache erst später, möglicherweise nach einem von dem Konkursverwalter zu führenden Prozeß, endgültig geklärt.

Das von Menz für ausschlaggebend angesehene Argument, eine analoge Anwendung der für die Einzelzwangsvollstreckung als sachgerecht erkannten Regelung verbiete sich wegen der Besonderheit des Konkurses, ist aber genauso wenig schlüssig. Es ist sicherlich richtig, daß der Konkurs anders als die Einzelzwangsvollstreckung zur gemeinschaftlichen Befriedigung aller persönlichen Gläubiger dient und deshalb entgegen der in § 804 III ZPO für die Einzelzwangsvollstreckung bestimmten Regelung hinsichtlich der Konkursgläubiger keine Rangfolge der Berechtigung kennt. Die daraus von Menz abgeleitete Folgerung, für den Konkurs sei das die Einzelzwangsvollstreckung beherrschende Prioritätsprinzip durch den Grundsatz der Verlustgemeinschaft ersetzt, kann aber nur innerhalb eines Konkurses gelten. Sie kann dann nicht gültig sein, wenn zwei selbständige und voneinander unabhängige Konkursverfahren hinsichtlich der Massezugehörigkeit bestimmter beweglicher Sachen miteinander konkurrieren, weil zwei miteinander verheiratete Schuldner jeweils mit ihrem Vermögen in Konkurs gefallen sind. Daß in diesem Fall zwischen der Gemeinschaft der Konkursgläubiger des einen Ehegatten und der Gemeinschaft der Konkursgläubiger des anderen Ehegatten keine beide Konkursverfahren umfassende Verlustgemeinschaft entstehen kann, ist ohne weiteres einleuchtend. Damit steht aber zugleich fest, daß aus dem das einzelne Konkursverfahren beherrschenden Prinzip der Verlustgemeinschaft der an ihm beteiligten Konkursgläubiger keine Gründe gegen die analoge Anwendung der in der Einzelzwangsvollstreckung für den hier zu entscheidenden Fall anerkannten Regelung hergeleitet werden können. M.E. sind aber auch keine anderen Gründe gegen eine solche Analogie ersichtlich.

Die besondere Sachlage, die entsteht, wenn in der Einzelzwangsvollstreckung aufgrund der Vorschriften der §§ 1362 I 1 BGB/739 ZPO ein Mannes- und ein Frauengläubiger in dieselbe bewegliche Sache vollstrecken und es keinem der beiden Ehegatten gelingt, die Vermutung zu widerlegen, unterscheidet sich nicht von der hier problematischen Sachlage. Hier wie da wird durch das dann unvermeidbare Zusammentreffen der einander entgegengesetzten Vermutungen ein Widerspruch hervorgerufen, der den ursprünglichen Sinn der Eigentumsvermutung, in zweifelhaften Fällen Eindeutigkeit zu schaffen, in sein Gegenteil verkehrt und der solange unauflösbar bleibt, wie beide Vermutungen gleichberechtigt nebeneinander bestehen bleiben. Der Widerspruch ist in beiden Fällen seinem Wesen nach gleich, weil er, völlig unabhängig von den Besonderheiten des einen oder anderen Verfahrens der Zwangsvollstreckung, ausschließlich in der besonderen Natur der sowohl in der Einzelzwangsvollstreckung als auch im Konkurs zugunsten der Gläubiger des einen und des anderen Ehegatten wirkenden Eigentumsvermutung begründet ist. Dementsprechend muß aber auch die Lösung dieses Widerspruchs für beide Fälle grundsätzlich gleich sein. Die analoge Anwendung der für die Einzelzwangsvollstreckung als sachgerecht erkannten Regelung auf den hier zu entscheidenden Fall kann darum nicht unangemessen sein. Dabei muß vor allem beachtet werden, daß es hier nicht um eine analoge Anwendung des § 804 III ZPO geht; sie wäre in der Tat kaum zu begründen, weil das in § 804 ZPO geregelte System der Rangfolge der Gläubigerberechtigungen dem Wesen des Konkurses genauso fremd ist wie das u.U. daran anschließende Verteilungsverfahren nach den §§ 872 ff. ZPO. Es handelt sich hier lediglich um eine analoge Anwendung des in § 804 III ZPO zum Ausdruck kommenden Rechtsgedanken der zeitlichen Priorität der Gläubigerberechtigung. Seine Übertragung auf den Konkurs bedeutet: Die aufgrund der Eigentumsvermutung des § 1362 I 1 BGB bewirkte Zuordnung einer Sache zu dem Konkursverfahren, das zuerst eröffnet worden ist, führt dazu, daß die Sache für die Dauer des Konkursverfahrens uneingeschränkt Massebestandteil dieses Konkurses wird.* Nur soweit die fragliche Sache nach Beendigung des Konkurses noch als Bestandteil des Vermögens des Gemeinschuldners vorhanden sein sollte, kann ihre Verwertung in dem zeitlich nachfolgenden Konkurs des anderen Ehegatten in Betracht kommen. Einer solchen Verwertung steht dann schon deshalb nichts entgegen, weil die Vermutung des § 1362 I 1 BGB nach Beendigung des zuerst eröffneten Konkursverfahrens wieder konkurrenzlos zugunsten der Gläubiger des anderen Ehegatten spricht.

Die Sachgerechtheit der hier befürworteten Lösung erweist sich auch bei einem Vergleich mit der von Menz für richtig befundenen Lösung. Nach Menz führt der Widerspruch der Vermutungen dazu, daß sich die Vermutungen gegenseitig in ihrem Wert aufheben und deshalb überhaupt nicht berücksichtigt werden dürfen. Die notwendige Folge ist, daß sowohl der Konkursverwalter des Mannes als auch der Konkursverwalter der Frau den Eigentumsbeweis unabhängig von § 1362 I 1 BGB führen müssen. Daß diese Lösung nicht richtig, vor allem aber nicht praktikabel sein kann, ergibt sich aus einer einfachen Überlegung: Die durch die Vermutung des § 1362 I 1 BGB hervorgerufene Kollision entsteht, wie auch Menz erkennt, in den Fällen, in denen beide Konkursverwalter vergeblich bemüht waren, die gegen die Zugehörigkeit bestimmter beweglicher Sachen zu der von ihnen verwalteten Konkursmasse sprechende Vermutung auszuräumen. Damit ist aber doch zugleich gesagt, daß den Konkursverwaltern gerade in den Fällen der Eigentumsbeweis nach den allgemeinen Vorschriften mißlungen ist. Menz selbst scheint dieser schwache Punkt seiner Lösung nicht entgangen zu sein. Er versucht die Schwierigkeit dadurch zu umgehen, daß er hier ausnahmsweise die Berufung auf die allgemeine Vermutung des § 1006 BGB zulassen will. Durch § 1006 BGB kann aber in den hier zu entscheidenden Fällen mit Sicherheit auch keine Klarheit herbeigeführt werden. Die Vermutung des § 1006 BGB ist nicht ohne Grund im räumlichen Bereich der Ehe durch die Vermutung des § 1362 BGB ersetzt worden. Das ist vielmehr deshalb geschehen, weil die allgemeine Vermutung des § 1006 BGB im räumlichen Bereich der Ehe an der mangelnden Klarheit der Besitzverhältnisse zwischen den Ehegatten scheitern müßte[174]. Wieso das gerade in den hier fraglichen Fällen nicht gelten soll, ist nicht ersichtlich. Wollte man dennoch in diesen Fällen auf die Vermutung des § 1006 BGB zurückgreifen, so würde man in aller Regel dazu kommen, Miteigentum der Ehegatten an den fraglichen beweglichen Sachen annehmen zu müssen. Dieses Ergebnis vermag aber schon deshalb nicht zu befriedigen, weil damit eine Zuordnung ausgewiesen würde, die mit dem im geltenden Recht insbesondere auch für den gesetzlichen Güterstand durchgeführten System die Trennung der Vermögen von Mann und Frau nicht in Einklang zu bringen wäre.

V. Die Bedeutung der Eigentumsvermutung des § 1362 I 1 BGB für die Konkursanfechtung

Sinn und Zweck der Eigentumsvermutung des § 1362 I 1 BGB bestehen, wie wir gesehen haben, auch für den Konkurs darin, im Interesse der Gläubiger eines verheirateten Schuldners in zweifelhaften Fällen eine eindeutige Zuordnung der von ihr erfaßten Sachen zu gewährleisten.

Deshalb ist sie auch bisher wesentlich in ihrer Beziehung zu dem Aussonderungsanspruch des Ehegatten des Gemeinschuldners gesehen und näher untersucht worden. Die Bestimmung des § 1362 I 1 BGB ist aber in ihrer Anwendbarkeit nicht auf diesen Tatbestand beschränkt. Sie muß vielmehr ihrer Ausgestaltung nach über diesen sicherlich wichtigsten Fall hinaus überall bedeutsam werden, wo zwischen dem Konkursverwalter und dem Ehegatten des Gemeinschuldners Streit über die Zuordnung einer beweglichen Sache besteht.

Ein solcher Fall ist aber auch dann gegeben, wenn der Konkursverwalter eine Verfügung des Gemeinschuldners zugunsten seines Ehegatten gemäß § 32 Nr. 2 KO anficht und der Ehegatte demgegenüber behauptet, es habe sich nicht um eine unentgeltliche, sondern um eine entgeltliche Verfügung gehandelt. In diesem Fall kann sich der Konkursverwalter zur Begründung der Tatsache, daß der Gegenstand der von dem Ehegatten des Gemeinschuldners behaupteten Gegenleistung bereits vorher zum Vermögen des Gemeinschuldners gehört hat, auf die Vermutung des § 1362 I 1 BGB berufen.

Die Eigentumsvermutung des § 1362 I 1 BGB wird damit in diesen Fällen letztlich zu einer Vermutung für die Unentgeltlichkeit der Verfügung des Gemeinschuldners. Entgegen der ohne die Bestimmung des § 1362 I 1 BGB geltenden Verteilung der Beweislast hat nicht der Konkursverwalter zu beweisen, daß es sich um eine unentgeltliche Verfügung gehandelt hat; vielmehr muß der Ehegatte des Gemeinschuldners den Nachweis führen, daß eine entgeltliche Verfügung vorgelegen hat.

174 Vgl. oben § 2 A I; grundsätzlich übereinstimmend Menz S. 19.

Die Anwendbarkeit der Bestimmung des § 1362 I 1 BGB in diesem Zusammenhang ist allgemein, insbesondere auch in der Rechtsprechung anerkannt[175].

B. Die Sonderregelung des § 45 KO

I. Rechtfertigung der Auseinandersetzung mit der Entscheidung des BVerfG, in der § 45 KO für nichtig erklärt worden ist

Die Vorschrift des § 1362 BGB wurde im Konkurs durch § 45 KO ergänzt. Nach dieser Bestimmung mußten die Ehegatten von Gemeinschuldnern, wenn sie während der Ehe erworbene Gegenstände unter Berufung auf ihr Eigentum aussondern wollten, zusätzlich nachweisen, daß die betreffenden Gegenstände nicht mit Mitteln des Gemeinschuldners angeschafft worden waren. In ihrer gegenständlichen Wirkung ging die Vorschrift des § 45 KO über § 1362 BGB hinaus. Anders als § 1362 BGB bezog sie sich nicht nur auf bewegliche Sachen, sondern auch auf Grundstücke, und nicht nur auf Sachen, sondern auch auf Rechte. Weiterhin galt sie im Gegensatz zu § 1362 I 1 BGB auch dann, wenn die Ehegatten getrennt lebten[176].

Der erste Senat des BVerfG hat durch Beschluß vom 24. Juli 1968[177] § 45 KO für nichtig erklärt. Damit ist die Frage, ob die in § 45 KO getroffene Regelung sachgerecht, insbesondere, ob sie mit dem GG vereinbar war, für die Praxis gegenstandslos geworden[178]. Eine Auseinandersetzung mit der Entscheidung erscheint dennoch gerechtfertigt. Einmal erweckt die Lektüre der Entscheidungsgründe den Eindruck, daß das BVerfG es sich mit seiner Entscheidung zu leicht gemacht hat. Vor allem aber stimmt die in dem Beschluß zum Ausdruck kommende Wertung zwischen dem Ehegattenschutz einerseits und dem Gläubigerschutz andererseits bedenklich. Es besteht die Gefahr, daß mit dieser Entscheidung eine Entwicklung eingeleitet worden ist, die zu einer Überbetonung der Interessen der Ehegatten und damit notwendig zu einer nicht gerechtfertigten Vernachlässigung schutzwürdiger Interessen der Gläubiger von verheirateten Schuldnern führt.

Eine kritische Würdigung der Entscheidung des BVerfG setzt Klarheit über den Inhalt und das Ausmaß der in § 45 KO getroffenen Regelung voraus; sie herzustellen soll deshalb im folgenden zuerst versucht werden.

---

175 Vgl. RGZ 80, 64; 120, 107 (110); BGH NJW 1955, 20 = Betr. 1954, 1045 = FamRZ 1955, 42 = LM § 1362 BGB Nr. 2; Staudinger-Hübner § 1362 Rdnr. 33; Böhle-Stamschräder § 32 Anm. 3 a; Mentzel-Kuhn § 32 Anm. 23; Menz S. 28 f.

176 Das war allgemeine Meinung; vgl. statt aller Mentzel-Kuhn § 45 Anm. 4; OLG Marienwerder SeuffA 66 Nr. 86; RG LZ 1912, Sp. 776 f.

177 Vgl. BVerfGE 24, 104 ff. = NJW 1968, 1771 = FamRZ 1968, 437 = KTS 1968, 22.

178 Vgl. zum Stand der Meinungen vor Erlaß des Beschlusses die Übersicht bei Brox FamRZ 1968, 406 ff. (406 f.).

II. Der Inhalt der in § 45 KO getroffenen Regelung

Das Aussonderungsrecht des Ehegatten des Gemeinschuldners wurde durch die Sonderbestimmung des § 45 KO in zweifacher Hinsicht beschränkt. § 45 KO enthielt die materielle Entscheidung, daß Gegenstände, die dem Ehegatten des Gemeinschuldners gehörten, soweit sie während der Ehe mit Mitteln des Gemeinschuldners erworben worden waren, in die Konkursmasse fielen und deshalb von dem Ehegatten des Gemeinschuldners nicht in Anspruch genommen werden konnten. Diese materielle Entscheidung wurde ergänzt durch eine Beweislastregel. Nicht der Konkursverwalter hatte zu beweisen, daß Gegenstände, die der Ehegatte des Gemeinschuldners während der Ehe erworben hatte, mit Mitteln des Gemeinschuldners erworben worden waren; vielmehr mußte bei Streitigkeiten über die Herkunft der Mittel der Ehegatte des Gemeinschuldners beweisen, daß die Mittel nicht aus dem Vermögen des Gemeinschuldners stammten. Soweit er diesen Nachweis nicht zu erbringen vermochte, konnte er, obwohl die Gegenstände sein Eigentum waren, keine Aussonderung verlangen[179].

Eine klare Unterscheidung dieser beiden Rechtssätze ist unumgänglich, wenn man Bedeutung und Tragweite der in § 45 KO geregelten Aussonderungsbeschränkungen richtig erfassen will. Beide Regelungen gewährten den Gläubigern eines verheirateten Gemeinschuldners einen verschiedenartigen Schutz und bedeuteten umgekehrt für den Ehegatten des Gemeinschuldners eine unterschiedliche Beschwerung.

1. Bis zu der Entscheidung des BVerfG, in der § 45 KO für nichtig erklärt worden ist[180], herrschte keine Einhelligkeit darüber, wie der materielle Rechtssatz in § 45 KO dogmatisch einzuordnen war.

Literatur und Rechtsprechung vertraten, soweit der Frage überhaupt nachgegangen worden ist, überwiegend die Auffassung, daß der Bestimmung dingliche Wirkung zukomme. Das Gesetz stelle im Wege einer Fiktion den Rechtssatz auf, daß vom Zeitpunkt der Eröffnung des Konkursverfahrens an Gegenstände, die zuvor Eigentum des Ehegatten des Gemeinschuldners gewesen waren, soweit sie während der Ehe mit Mitteln des Gemeinschuldners

---

179 Ebenso BVerfG vgl. FN 177 u. im Grundsatz auch Menz S. 44 f. In der Literatur war diese Unterscheidung weitgehend überhaupt nicht oder nicht richtig erfaßt worden. Bei Mentzel-Kuhn und Böhle-Stamschräder fehlt jeder Hinweis. Jaeger-Lent – § 45 Rdnr. 2 – gehen davon aus, daß § 45 KO die Aussonderung gegenüber der Regel durch zwei unausgesprochene Rechtssätze beschwere; der erste enthalte eine Vermutung, der zweite eine Fiktion. Vermutet werde zugunsten der Konkursmasse, daß alles, was der Ehegatte des Gemeinschuldners während der Ehe erworben habe, mit Mitteln des Gemeinschuldners erworben worden sei; fingiert werde zugunsten der Konkursmasse, daß alles, was der Ehegatte des Gemeinschuldners mit Mitteln des Gemeinschuldners erworben habe, dem Gemeinschuldner gehöre; ähnlich H. Müller KTS 1965, 10 ff. (11 f.).

180 Vgl. FN 177

angeschafft wurden, als diesem gehörend anzusehen seien und deshalb in die Konkursmasse fielen[181].

Dabei wurde teilweise zur Stützung der Argumentation zwischen einem formalen oder juristischen und einem wirtschaftlichen Eigentumsbegriff unterschieden: § 45 KO schaffe ohne Rücksicht auf das bisher bestehende formale oder juristische Eigentum des Ehegatten des Gemeinschuldners zugunsten der Konkursgläubiger eine besondere Art von Eigentum im wirtschaftlichen Sinn[182].

Andererseits wurde in konsequenter Fortführung des Fiktionsgedankens in § 45 KO keine selbständige Anspruchsgrundlage gesehen; vielmehr hielt man den Konkursverwalter für berechtigt, hinsichtlich derjenigen Sachen, für die die Voraussetzungen des § 45 KO erfüllt waren, wenn sie sich im Besitz des Ehegatten des Gemeinschuldners befanden, nach § 985 BGB Herausgabe an den Gemeinschuldner zu verlangen. Genauso sollte unter den gleichen Voraussetzungen bei Grundstücken gem. § 894 BGB eine Berichtigung des mit der Konkurseröffnung unrichtig gewordenen Grundbuchs herbeigeführt werden können[183].

Dieser Auffassung konnte, obwohl sie zu praktisch vertretbaren Ergebnissen führte, aus systematischen Gründen nicht zugestimmt werden; sie beruhte auf einem falschen Verständnis der in § 45 KO angeordneten Rechtsfolge. Weder aus dem Wortlaut noch aus dem Sinn der Bestimmung konnten überzeugende Anhaltspunkte für die von ihr vorausgesetzte Änderung der dinglichen Zuordnung der von § 45 KO betroffenen Gegenstände hergeleitet werden.

In § 45 KO wurde keine Surrogation in der Weise angeordnet, daß mit der Eröffnung des Konkursverfahrens an die Stelle der Mittel des Gemeinschuldners ipso iure die mit ihnen von seinem Ehegatten erworbenen Gegenstände zu treten hätten; das ergab sich ohne weiteres aus dem Wortlaut der Bestimmung und wurde wohl auch von den Vertretern der oben abgelehnten Auffassung nicht verkannt[184]. Eine solche Surrogation konnte aber genauso wenig im Wege einer Fiktion begründet werden; auch dafür fand sich im Gesetz keinerlei Hinweis. Es konnte – wie Menz[185] im Anschluß an

---

181 Vgl. Jaeger-Lent § 45 Rdnr. 2; Th. Wolff § 45 Anm. 4; Sieburg JW 1913, 1087; H. Müller KTS 1965, 10 ff. (11 f.); ders. KTS 1965, 180 f.; wohl auch Kohler S. 119; OLG Marienwerder SeuffA 66 Nr. 86; RG LZ 1912 Sp. 776 f.; OLG München NJW 1952, 428; LG Limburg FamRZ 1955, 301 f.

182 So insbes. OLG Marienwerder aaO.; vgl. auch H. Müller aaO.

183 Vgl. die in FN 181 Zitierten; zuletzt H. Müller KTS 1965, 10 ff. (13 f.); Unklar war die Auffassung des RG LZ 1912, Sp. 776 und, ihm folgend, des OLG München NJW 1952, 428; sie hielten bei Grundstücken, die von § 45 KO erfaßt wurden, die Klage auf Herausgabe und Bewilligung der *Auflassung* an den Gemeinschuldner für begründet.

184 So ausdrücklich Jaeger-Lent § 45 Rdnr. 2.

185 Vgl. S. 55; er wies im übrigen zu Recht darauf hin, daß den Konkursgläubigern, hätte man den Erwerb als unwirksam ansehen wollen, noch keinerlei dingliche Zugriffsmöglichkeit geschaffen gewesen wäre.

Bleyer[186] mit Recht feststellte – auch nicht davon ausgegangen werden, daß der von § 45 KO erfaßte Erwerb des Ehegatten des Gemeinschuldners mit der Eröffnung des Konkursverfahrens unwirksam werde. Schließlich zielte der Anspruch aus § 45 KO anders als der konkursrechtliche Anfechtungsanspruch nach § 37 KO nicht auf eine Übertragung der unter den Voraussetzungen des § 45 KO von dem Ehegatten des Gemeinschuldners angeschafften Gegenstände in das Vermögen des Gemeinschuldners ab[187].

Ein dem Wortlaut und dem Sinn der Bestimmung gerecht werdendes Verständnis mußte demgegenüber davon ausgehen, daß § 45 KO die Rechtszuständigkeit hinsichtlich der von ihm betroffenen Gegenstände unberührt ließ und auch nicht die Voraussetzungen für eine Änderung der Rechtszuständigkeit schaffen wollte. Der Ehegatte des Gemeinschuldners blieb nach wie vor Eröffnung des Konkursverfahrens Eigentümer der von ihm während der Ehe erworbenen Gegenstände, auch derjenigen, die er mit Mitteln des Gemeinschuldners angeschafft hatte. Die wesentliche in § 45 KO getroffene Entscheidung ging gerade dahin, daß die von der Bestimmung erfaßten Gegenstände, obwohl sie nicht dem Gemeinschuldner, sondern dem Ehegatten gehörten, dem Zugriff der Konkursgläubiger in gleicher Weise unterlagen wie sein eigenes Vermögen. Die Vorschrift des § 45 KO erweiterte damit, den besonderen Interessen der Gläubiger eines verheirateten Schuldners Rechnung tragend, für den Konkurs eines Ehegatten den in § 1 KO festgelegten Massebegriff. Während der Konkursverwalter, wenn er auf der Grundlage des in § 1 KO definierten Massebegriffs einen Gegenstand zur Konkursmasse zieht, damit zugleich geltend macht, der Gemeinschuldner sei Eigentümer der fraglichen Sache oder Inhaber der in Anspruch genommenen Rechte oder Forderungen, setzte § 45 KO gerade die Erwiesenheit fremder Rechtszuständigkeit voraus[188].

Aus diesem richtigen Verständnis der Bestimmung folgte einmal, daß, soweit der Konkursverwalter unter Berufung auf § 45 KO Gegenstände von dem

---

186 Vgl. Bleyer § 45 Anm. 4 b.

187 So richtig Menz S. 56.

188 Ebenso, mit sehr eingehender und zutreffender Begründung, Menz S. 49 u. insbes. S. 57 ff. Er sah in § 45 KO eine Haftungssurrogation, die sich von den echten Fällen einer Surrogation dadurch unterscheide, daß sie sich nicht auf den Gegenstand als Ganzes erstrecke, sondern in Beschränkung auf den Gläubigerschutz, ohne die formale Rechtszuständigkeit als solche anzutasten, eine Ersetzung der Haftungsfunktion erstrebe. Vgl. auch LG Köln KTS 1965, 177 ff.: Die Kammer stellte ausdrücklich fest, soweit die Voraussetzungen des § 45 KO vorlägen, ändere sich nichts an der Rechtszuständigkeit; dementsprechend sei, soweit Grundeigentum von § 45 KO betroffen sei, im Grundbuch lediglich ein Veräußerungsverbot kenntlich zu machen, aus dem sich ergeben müsse, daß das Grundstück oder der Grundstücksanteil als zur Konkursmasse gehörig anzusehen sei. Ebenso Reinicke Betr. 1965, 1001 ff. (1002). Andeutungen über den ausschließlich haftungsrechtlichen Charakter der Bestimmung finden sich weiterhin: Bei Baur FamRZ 1958, 252 ff. (255); Bosch, Rpfleger 1954, 58 ff. (80); FamRZ 1957, 189 ff. (194); FamRZ 1958, 81 ff. (85); Eisser Die Justiz 1958, 72 ff. (77).

Ehegatten des Gemeinschuldners für die Konkursmasse in Anspruch nahm, § 45 KO selbständige und alleinige Anspruchsgrundlage war. Einen dem Gemeinschuldner zustehenden Anspruch aus § 985 BGB vermochte der Konkursverwalter genauso wenig geltend zu machen wie – für Immobiliareigentum – den Berichtigungsanspruch gem. § 894 BGB[189]. Aus ihm folgte weiter, daß der Konkursverwalter als alleiniger Träger dieses Anspruchs angesehen werden mußte, ohne daß es entscheidend darauf ankommen konnte, wie man seine immer noch umstrittene rechtliche Stellung begreift[190]. Der sich aus § 45 KO ergebende Anspruch war weder aus dem Vermögen des Gemeinschuldners herzuleiten, noch sollte seine Verwirklichung zu einem Rechtserwerb durch den Gemeinschuldner führen. Er war ausschließlich den besonderen Bedürfnissen der Gläubiger eines verheirateten Gemeinschuldners nach einer Vermehrung der ihnen nach § 1 KO zustehenden Haftungsgrundlage zu dienen bestimmt[191].

Daß die hier vertretene Auffassung gegenüber der h.M. den Vorzug verdiente, zeigte sich nicht zuletzt dann, wenn nach Beendigung des Konkursverfahrens ein Vermögensgegenstand, der dem anderen Ehegatten gehörte, aber nach § 45 KO Bestandteil der Konkursmasse wurde, von der Verwertung verschont geblieben war. Es konnte nicht zweifelhaft sein, daß dieser Vermögensgegenstand nicht dem Gemeinschuldner gebührte. Nach der hier vertretenen Auffassung war dieses Ergebnis ohne weiteres verwirklicht: Da § 45 KO die Rechtszuständigkeit an den von ihm erfaßten Gegenständen unberührt ließ, stand der fragliche Gegenstand, wenn mit Beendigung des Konkursverfahrens die Voraussetzungen für seine Einbeziehung in die Konkursmasse weggefallen waren, wieder seinem Eigentümer zur freien Verfügung. Ein etwa für ein Grundstück im Grundbuch eingetragenes Veräußerungsverbot war zu löschen. Die h.M. mußte hier umständlich mit Rückübertragungsansprüchen helfen.

Schließlich ermöglichte dieses Verständnis der Bestimmung auch eine eindeutige Antwort auf die Frage, inwieweit bei einem verheirateten Gemeinschuldner dessen Ehegatte von dem Konkursverfahren in seiner Rechtsstellung berührt wurde.

Der Ehegatte des Gemeinschuldners ist nicht Gemeinschuldner; er konnte deshalb von dem Konkursverfahren nur partiell betroffen werden, soweit die Haftung von ihm gehörenden, aber während der Ehe mit Mitteln des Gemeinschuldners angeschafften Gegenständen in Betracht kamen. Daraus folgte, daß solche Bestimmungen der Konkursordnung, die das Verfahren als ganzes und damit die das gesamte Vermögen umfassende Haftung des

189 Ebenso Menz S. 49 u. 56; LG Köln aaO.

190 Vgl. dazu Jaeger-Lent Vorbem. zu §§ 6 bis 9; Lent-Jauernig § 44, S. 140 f.; Pagenstecher-Grimm § 12, S. 42 f.

191 So richtig Menz S. 48; er wies mit Recht darauf hin, daß die Vertretertheorie, wenn sie den Gedanken der Zwangsvertretung konsequent durchführte, hier in Schwierigkeiten kommen mußte.

Gemeinschuldners betreffen, auf seinen Ehegatten weder unmittelbar noch entsprechend angewendet werden konnten. Der Ehegatte des Gemeinschuldners unterlag weder der Verpflichtung zum Offenbarungseid gem. § 125 KO noch der Residenzpflicht gem. § 121 KO und auch nicht der Postsperre gem. § 121 KO. Andererseits war er nicht berechtigt, gem. § 109 KO sofortige Beschwerde gegen den Eröffnungsbeschluß einzulegen, auch dann nicht, wenn erhebliche Werte seines Vermögens über § 45 KO zur Haftung in dem Konkursverfahren herangezogen wurden[192].

Demgegenüber mußten diejenigen Bestimmungen in der Konkursordnung, die den Bestand der Masse gewährleisten sollen, bezogen auf die von der Haftung gem.§ 45 KO betroffenen Gegenstände auch für den Ehegatten des Gemeinschuldners gelten. Er verlor gem. § 6 I KO mit der Eröffnung des Konkursverfahrens die Verwaltungs- und Verfügungsbefugnis über die in seinem Eigentum stehenden, aber gem. § 45 KO zur Masse gehörenden Gegenstände. Rechtshandlungen, die er nach Konkurseröffnung hinsichtlich der in dieser Weise konkursbefangenen Gegenstände vornahm, mußten genauso gem. § 7 KO als den Konkursgläubigern gegenüber unwirksam angesehen werden, wie das allgemein für Rechtshandlungen des Gemeinschuldners gilt. In gleicher Weise konnten gem. § 15 KO weder von dem Gemeinschuldner noch von Dritten nach Konkurseröffnung Rechte an den § 45 KO unterliegenden Gegenständen erworben werden. Schließlich waren, soweit die Konkursordnung für die Zeit zwischen Zulassung des Konkursantrages und der Eröffnung des Konkursverfahrens gem. § 106 I 2 KO dem Konkursgericht die Möglichkeit einräumt, einzelne Sicherungsanordnungen zu treffen, solche Anordnungen hinsichtlich der von § 45 KO erfaßten Gegenstände auch gegen den Ehegatten des Gemeinschuldners zulässig[193].

Mit Rücksicht auf den von ihr bezweckten Gläubigerschutz war die materielle Bestimmung in § 45 KO unabdingbar. Die Ehegatten konnten, soweit einer mit Mitteln des anderen Gegenstände erworben hatte, für einen möglichen späteren Konkurs die Inanspruchnahme der auf diese Weise angeschafften Gegenstände nicht ausschließen. Genauso wenig konnte grundsätzlich der Konkursverwalter auf die Haftung eines dem Ehegatten des Gemeinschuldners gehörenden, unter den in § 45 KO genannten Voraussetzungen angeschafften Gegenstandes verzichten. Soweit allerdings dem Konkursverwalter im Rahmen der ihm gem. § 6 II KO zustehenden Verwaltungs- und Verfügungsbefugnis allgemein die Befugnis eingeräumt ist, nach pflichtgemäßem Ermessen (§ 82 KO) einen Massegegenstand freizugeben, mußte diese Freigabe-

---

192 Vgl. Menz S. 63 mit weiteren Nachweisen.

193 Vgl. dazu ausführlich Menz S. 61 ff. und S. 186 ff. Die oben abgelehnte Auffassung kam hier zu gleichen Ergebnissen, stützte diese allerdings auf die mangelnde Rechtszuständigkeit des Ehegatten des Gemeinschuldners; vgl. statt aller Jaeger-Lent § 45 Rdnr. 14.

befugnis sich auch auf die Gegenstände erstrecken, die nach § 45 KO zur Konkursmasse gehörten[194].

2. Die den materiellen Rechtssatz in § 45 KO ergänzende Beweislastregel[195] war naturgemäß besonders bedeutsam für den Prozeß. Hier schuf sie zugunsten der Gläubiger eines verheirateten Gemeinschuldners für den Konkursverwalter erhebliche Erleichterungen in der Beweisführung. Der Konkursverwalter hatte, gleichgültig, ob er Kläger oder Beklagter war, lediglich darzutun, und im Streitfall zu beweisen, daß der von ihm für die Konkursmasse und zugleich im Wege der Aussonderung von dem Ehegatten des Gemeinschuldners beanspruchte Gegenstand während der Ehe von dem Ehegatten angeschafft worden war. Die Tatsache, daß der fragliche Gegenstand mit Mitteln des Gemeinschuldners erworben worden war, brauchte der Konkursverwalter weder zu behaupten noch zu beweisen. Sie gehörte, wenn der Konkursverwalter Kläger war, weder gem. § 253 II 2 ZPO zu dem wesentlichen Inhalt der Klage noch war sie für die Schlüssigkeit der Klage und damit nach §§ 331, 335 I Nr. 3 ZPO als Voraussetzung für den Erlaß eines Versäumnisurteils erforderlich[196].

Der Ehegatte des Gemeinschuldners mußte, wenn er die Heranziehung des Gegenstandes zur Konkursmasse abwenden wollte, entweder im Wege des Gegenbeweises die Überzeugung des Richters erschüttern, daß der Gegenstand während der Ehe angeschafft worden war, oder er mußte durch Beweis des Gegenteils nachweisen, daß der Gegenstand nicht mit Mitteln des Gemeinschuldners erworben worden war.

Die wahre Bedeutung der Bestimmung des § 45 KO zeigte sich auch in dieser Hinsicht im Zusammenhang mit der Eigentumsvermutung des § 1362 I 1 BGB. Soweit der Ehegatte des Gemeinschuldners die Aussonderung eines Gegenstandes begehrte, brauchte sich der Konkursverwalter zur Abwehr dieses Anspruchs zunächst nicht auf § 45 KO zu berufen; er konnte, gestützt auf § 1362 I 1 BGB, behaupten, nicht der Ehegatte des Gemeinschuldners, sondern der Gemeinschuldner sei Eigentümer des fraglichen Gegenstandes. War der Ehegatte in der Lage, die Vermutung des § 1362 I 1 BGB durch den Beweis des Gegenteils auszuräumen, dann offenbarte er in aller Regel damit zugleich auch den Zeitpunkt des Erwerbs. Dementsprechend war aber der Konkursverwalter, wenn er sich anschließend auf § 45 KO berief, des ihn nach § 45 KO allein treffenden Nachweises, daß der Ehegatte des Gemein-

194 Vgl. zu dieser Frage allgemein: Schönke-Baur § 58 1, S. 273; Jaeger-Lent § 6 Rdnrn. 26–29; Mentzel-Kuhn § 6 Anm. 35; RGZ 52, 51; 60, 107 (108); 79, 27 (28 f.); 105, 313; BGHZ 35, 180 (181); OLG Nürnberg MDR 1957, 683; zu der hier speziell zu entscheidenden Frage: Menz S. 50.

195 Sie war als solche ausdrücklich nur von Reinicke Betr. 1965, 1001 ff. (1003) erkannt und qualifiziert worden. Die übrige Literatur sah in ihr zu Unrecht eine widerlegbare gesetzliche Tatsachenvermutung. Vgl. Jaeger-Lent § 45 Rdnr. 2; H. Müller KTS 1965, 10 (11 f.) und vor allem Menz S. 44 und insbes. S. 50 ff.

196 Vgl. Jaeger-Lent § 45 Rdnr. 15; Mentzel-Kuhn § 45 Anm. 3; Menz S. 46.

schuldners den fraglichen Gegenstand während der Ehe erworben hatte, enthoben, weil dieser Nachweis bereits erbracht war. Für den umgekehrten Fall galt das gleiche. Wollte der Konkursverwalter seinerseits einen im Besitz des Ehegatten des Gemeinschuldners befindlichen Gegenstand zur Konkursmasse ziehen, dann brauchte er sich nicht von vornherein auf § 45 KO zu berufen; er konnte sein Begehren auch hier zunächst auf § 1362 I 1 BGB stützen. Gelang dem Ehegatten des Gemeinschuldners der Beweis, daß der fragliche Gegenstand entgegen der Vermutung des § 1362 I 1 BGB nicht dem Gemeinschuldner sondern ihm gehörte, dann konnte der Konkursverwalter nunmehr sein Begehren auf § 45 KO stützen. Er tat das sinnvollerweise nur dann, wenn mit dem Nachweis, daß der fragliche Gegenstand dem Ehegatten des Gemeinschuldners gehörte, zugleich offenbar geworden war, daß der Ehegatte den Gegenstand während der Ehe erworben hatte.

Dabei ist zu beachten, daß es sich in dem einen und dem anderen Fall um einen verschiedenen Streitgegenstand handelte. Dementsprechend mußte, wenn der Konkursverwalter im Laufe des Prozesses das ursprünglich auf § 1362 I 1 BGB gestützte Begehren auf § 45 KO umstellte, in dem Wechsel eine Klageänderung i.S.d. §§ 264, 268 ZPO gesehen werden, die nur im Rahmen des § 264 ZPO zulässig war, deren objektive Sachdienlichkeit aber – wenn feststand oder doch die Möglichkeit bestand, daß der fragliche Gegenstand während der Ehe erworben worden war – in aller Regel zu bejahen war[197].

Insgesamt kann festgehalten werden: Soweit der Konkursverwalter Gegenstände für die Konkursmasse beanspruchte, die von der Eigentumsvermutung des § 1362 I 1 BGB erfaßt werden, führte das Ineinandergreifen von § 1362 I 1 BGB und § 45 KO im praktischen Ergebnis dazu, daß dem Konkursverwalter der ihm nach § 45 KO allein obliegende Beweis wesentlich erleichtert oder gar ganz abgenommen war[198].

Aber auch außerhalb des Wirkungsbereichs der Vermutung des § 1362 I 1 BGB war der Konkursverwalter durch den ihm obliegenden Beweis, daß die von ihm für die Konkursmasse beanspruchten Gegenstände während der Ehe erworben worden waren, nicht sonderlich beschwert. Da sich bei den Immobiliarrechten der Zeitpunkt des Erwerbs ohne weiteres aus dem Grundbuch ergibt, konnten nur in Aktivprozessen über Forderungen und Rechte sowie, unabhängig von der Parteirolle, in den Fällen, für die die Vermutung des § 1362 II BGB gilt, Beweisschwierigkeiten auftreten[199].

Wie der materielle Rechtssatz in § 45 KO, so war auch die ihn ergänzende Beweislastregel keiner Parteivereinbarung zugänglich. Zwar sind nach richtiger Ansicht Beweislastverträge grundsätzlich zulässig, weil nicht einzusehen ist,

197 So richtig Menz S. 49 mit weiteren Nachweisen.

198 Ebenso Menz S. 52.

199 Ebenso Menz, S. 53.

warum den Parteien verwehrt sein soll, die Ungewißheit einer Tatsache durch Parteiabrede dem einen oder anderen Partner anzulasten[200]. Sie können aber nur insoweit gültig sein, als die Parteien mit ihnen nicht gegen zwingendes Recht verstoßen. Die in § 45 KO enthaltene Beweislastregel stellte aber gerade ein solches, abweichende Vereinbarungen der Parteien hinderndes ius strictum dar.

III. Das Ausmaß der in § 45 KO getroffenen Regelung

Vor einer kritischen Auseinandersetzung mit den Argumenten, die das BVerfG dazu veranlaßt haben, § 45 KO für nichtig zu erklären, ist nun noch das Ausmaß der in § 45 KO getroffenen Regelung zu klären.

1. Zunächst ist im einzelnen festzustellen, welche Sachverhalte von der materiellen Bestimmung des § 45 KO erfaßt worden sind, weil eine Würdigung der Vorschrift – der in ihr getroffenen materiellen Entscheidung genauso wie der sie ergänzenden Beweislastregel – eine vollständige Übersicht über das Ausmaß der materiellrechtlichen Entscheidung voraussetzt[201].

a) Der Wortlaut der Bestimmung des § 45 KO legte es nahe, einen Erwerb mit Mitteln des Gemeinschuldners im Sinne der Vorschrift nur dann zu bejahen, wenn der Ehegatte des Gemeinschuldners einen Gegenstand von einem Dritten im Austausch gegen Vermögenswerte des späteren Gemeinschuldners erworben hatte. Danach wären hinsichtlich der unmittelbar zwischen den Ehegatten aufgrund eines Rechtsgeschäfts vorgenommenen Vermögensverschiebungen bereits die tatbestandlichen Voraussetzungen des § 45 KO zu verneinen gewesen, gleichgültig, ob es sich um unentgeltliche Zuwendungen des späteren Gemeinschuldners an seinen Ehegatten oder um Veräußerungsgeschäfte handelte. Es könnte jedoch zweifelhaft sein, ob eine solche, streng am Wortlaut orientierte Interpretation nicht dem Sinn und Zweck der Bestimmung des § 45 KO widersprach. Die Frage hängt davon ab, welche Minderungen des Massevermögens zugunsten des Ehegatten des Gemeinschuldners im Interesse der Gläubiger von dem Tatbestand des § 45 KO erfaßt werden sollten. Sie ist deshalb im folgenden zunächst zu klären.

aa) Nach der – schon für § 45 KO a.F. – h.M. waren für Schenkungen und die sonstigen unentgeltlichen Verfügungen des späteren Gemeinschuldners an seinen Ehegatten die tatbestandlichen Voraussetzungen für eine Anwendung des § 45 KO nicht erfüllt. Zur Begründung ihrer Auffassung berief sich die h.M. zunächst auf die bereits oben herangezogene Wortinterpretation: Es fehle bei diesem Sachverhalt für eine Anwendung des § 45 KO an zwei

---

200 So mit Recht Rosenberg Beweislast § 7 III 4, S. 86 ff. mit weiteren Nachweisen.

201 Das BVerfG ist in seiner Entscheidung methodisch genau so vorgegangen. Vgl. FN 177.

tatbestandlichen Voraussetzungen; der Ehegatte habe nichts von einem Dritten erworben, und das, was er erworben habe, sei nicht mit Mitteln des Gemeinschuldners angeschafft worden. Was der Ehegatte des Gemeinschuldners erworben habe, seien vielmehr die Mittel des Gemeinschuldners als solche. Darüberhinaus machte sie geltend, für eine extensive, dem Wortlaut zuwiderlaufende Interpretation des § 45 KO, mit dem Ziel, solche unmittelbaren Vermögensverschiebungen zwischen den Ehegatten in seinen Anwendungsbereich einzubeziehen, bestehe schon deshalb keinerlei Veranlassung, weil dieser Sachverhalt bereits an anderer Stelle in der Konkursordnung ausdrücklich und abschließend geregelt sei. Nach § 32 Nr. 2 KO seien unentgeltliche Verfügungen, die der Gemeinschuldner in den letzten zwei Jahren vor der Eröffnung des Konkurses zugunsten seines Ehegatten getroffen habe, anfechtbar. Demgegenüber seien Schenkungen, die vor diesem Zeitpunkt gemacht worden seien, nicht von der Anfechtung betroffen, wenn nicht die Voraussetzungen der Absichtsanfechtung gem. § 31 Nr. 1 KO gegeben seien. Diese eindeutige Regelung aber würde vereitelt, wenn der Tatbestand des § 45 KO auch Schenkungen des späteren Gemeinschuldners an seinen Ehegatten erfassen würde. Die unhaltbare Folge wäre, daß der Ehegatte des Gemeinschuldners entgegen der für ihn sehr viel günstigeren Regelung des § 32 Nr. 2 KO auch solche Gegenstände der Konkursmasse zur Verfügung stellen müßte, die er 10 oder 15 Jahre vor der Eröffnung des Konkursverfahrens von dem späteren Gemeinschuldner geschenkt erhalten habe. Schließlich verwies die h.M. noch auf die Entstehungsgeschichte der Bestimmung des § 45 KO a.F. Bei den Beratungen der Konkursordnung habe Einhelligkeit darüber geherrscht, daß Schenkungen und sonstige unentgeltliche Verfügungen des späteren Gemeinschuldners zugunsten seines Ehegatten von dem Tatbestand des § 45 KO nicht erfaßt würden. In den Protokollen heiße es dazu ausdrücklich: Habe der Mann der Frau eine Sache geschenkt, so sei der Erwerb durch ein Rechtsgeschäft mit dem Mann, also von dem Mann, nicht aber mit Mitteln desselben erfolgt[202].

Eine gegenteilige Auffassung wurde, soweit ersichtlich, allein von Menz vertreten. Nach Menz[203] bestanden Sinn und Zweck der Bestimmung des § 45 KO darin, im Interesse der Gläubiger eines verheirateten Gemeinschuldners jede Verringerung des Massevermögens zugunsten des Ehegatten des

---

202 Vgl. zu § 45 KO a.F.: RGZ 14, 21; OLG Hamburg OLGE 32, 374; BGH LM § 1362 BGB Nr. 2 = Betr. 1954, 1045; Bleyer § 45 Anm. 4 a; Kohler, S. 119; zu § 45 KO n.F.: Böhle-Stamschräder § 45 Bem. 4 a; Jaeger § 45 Rdnr. 11; Mentzel-Kuhn § 45 Anm. 5; Schönke-Baur, 7. Aufl. § 51 C V 2, S. 203; Staudinger-Hübner § 1362 Rdnr. 34; Dölle § 44 II 3, S. 692; Baur FamRZ 1958, 252 ff. (255 sub I 6); A. Müller NJW 1961, 1442 ff. (1443); H. Müller KTS 1965, 10 ff. (12 sub II e); Reinicke Betr. 1965, 861 ff. (963 f. sub B I 1); zu dem Zitat aus den Protokollen vgl. Hahn, Die gesamten Materialien zur Konkursordnung, Protokolle S. 548. Ebenso BVerfG vgl. FN 177.

203 Vgl. Menz S. 92 ff.

Gemeinschuldners zu verhindern. Daraus aber müsse geschlossen werden, daß es nicht nur nicht auf eine bestimmte Erwerbsart ankommen könne, sondern daß der Tatbestand des § 45 KO auch die Fälle umfasse, in denen die Vermögensverschiebungen unmittelbar zwischen den Ehegatten vorgenommen würden. Es sei nicht zu verkennen, daß man dann, wenn die Verschiebung vollzogen sei, nicht mehr von Mitteln des Gemeinschuldners sprechen könne, daß dann vielmehr bereits das Ergebnis des Erwerbsvorganges, der in die Rechtszuständigkeit des Ehegatten des Gemeinschuldners übergegangene Gegenstand vorliege. Das ändere aber nichts an der Tatsache, daß dieser Gegenstand aus den beschlagfähigen Vermögenswerten des Gemeinschuldners stamme. Auch hier entspreche der Vermögensminderung auf der einen Seite die unmittelbar zwischen den Ehegatten vorgenommene Vermögensvermehrung auf der anderen Seite, so daß der Übergang eines Gegenstandes von dem späteren Gemeinschuldner in das Vermögen seines Ehegatten ein auf Kosten der Konkursmasse gehender Erwerb darstelle. Der Unterschied zu dem von Dritten hergeleiteten Rechtserwerb des Ehegatten des Gemeinschuldners beruhe lediglich darauf, daß die aus dem Vermögen des Gemeinschuldners ausscheidenden Werte unmittelbar in das Vermögen des Gemeinschuldners übergingen, ohne zuvor durch ein dazwischen liegendes Erwerbsgeschäft in ihrer äußeren Erscheinung umgeformt worden zu sein. Diese Verschiedenheit könne aber bei einer am Zweck der Vorschrift orientierten Interpretation nicht erheblich sein. Auch aus der Gegenüberstellung von Mitteln und Gegenständen im Wortlaut des § 45 KO lasse sich nichts anderes herleiten. Der Begriff Mittel als wirtschaftlicher Wert umfasse auch den Begriff Gegenstand, so daß die Haftungsfunktion der Mittel, die sich nach § 45 KO sogar an den von dem Ehegatten des Gemeinschuldners angeschafften Gegenständen fortsetzen solle, erst recht dann nicht erlösche, wenn das ursprüngliche Haftungsobjekt in der Hand des Ehegatten erhalten bleibe. Dadurch, daß die Mittel in die Rechtszuständigkeit des Ehegatten des Gemeinschuldners übergegangen seien, hörten sie nicht auf, Mittel des Gemeinschuldners zu sein; die Frage, was man unter Mittel des Gemeinschuldners im Sinne des § 45 KO zu verstehen habe, dürfe nicht nach der Rechtszuständigkeit beurteilt werden, sondern allein danach, was im Verhältnis des Gemeinschuldners zu seinen Gläubigern als Mittel des Gemeinschuldners zu gelten habe. Da die zu schützenden Gläubigerinteressen auf die Erhaltung eines bestimmten wirtschaftlichen Wertbestandes abzielten, könne es nicht auf die Rechtsform ankommen, in der der masseminderende Erwerb auftrete, sondern allein auf den wirtschaftlichen Erfolg, den das Geschäft im ganzen habe.

Am Ende gelangte freilich Menz zu keinem von der h.M. abweichenden Ergebnis. Auch er verkannte nicht, daß die Konkursgläubiger gegen Schenkungen und sonstige unentgeltliche Verfügungen eines verheirateten Gemeinschuldners zugunsten seines Ehegatten bereits durch die besonderen Anfechtungsbestimmungen der §§ 32 Nr. 2, 31 Nr. 1 KO geschützt sind. Da damit nach der von ihm vertretenen Auffassung für diese unmittelbaren Vermögensverschiebungen zwischen den Ehegatten sowohl die tatbestandlichen Voraussetzungen des § 45 KO als auch die des § 32 Nr. 2 KO und u.U. die des § 31 Nr. 1 KO erfüllt waren, sah er in einer Klärung des Verhältnisses, in dem beide Schutzvorschriften zueinander standen, das entscheidende Kriterium für die Frage, ob § 45 KO auf solche Vermögensverschiebungen anwendbar sei oder nicht[204]. Die Lösung und damit das allein sachgerechte Ergebnis sah er darin, die Bestimmung des § 32 Nr. 2 KO unter Berücksichtigung ihrer tatbestandlich engeren Voraussetzungen gegenüber der Bestimmung des § 45 KO als lex specialis anzusehen und dementsprechend bei Vorliegen der Anfechtungsvoraussetzungen nach dem Grundsatz „lex specialis derogat legi generali" die Aussonderungsbestimmung hinter der Anfechtungsbestimmung zurücktreten zu lassen[205].

Die von Menz vertretene Auffassung vermag nicht zu überzeugen; schon der von ihm gewählte Ausgangspunkt war verfehlt. Es konnte nicht richtig sein, davon auszugehen, Sinn und Zweck der Bestimmung des § 45 KO bestünden darin, jede Verringerung des Massevermögens eines verheirateten Gemeinschuldners zugunsten seines Ehegatten zu verhindern. Wäre das zutreffend gewesen, dann wären die besonderen konkursrechtlichen Anfechtungsbestimmungen mit ihren engeren, dem Ehegatten des Gemeinschuldners günstigeren tatbestandlichen Voraussetzungen überflüssig gewesen; dann wäre es insbesondere nicht möglich oder doch in höchstem Maße inkonsequent gewesen, auf sie zurückzugreifen, um mit Hilfe des Prinzips der Spezialität die der Sache nach unter den Tatbestand der Anfechtungsbestimmungen fallenden Sachverhalte aus dem Anwendungsbereich der Vorschrift des § 45 KO auszuscheiden. In Wirklichkeit ließen sich denn auch für die von Menz befürwortete extensive Interpretation der Bestimmung des § 45 KO keine überzeugenden Argumente finden.

Nach dem klaren und eindeutigen Wortlaut des § 45 KO wurden unentgeltliche Zuwendungen des späteren Gemeinschuldners an seinen Ehegatten von der Vorschrift nicht erfaßt. Damit mußte, wenn man die Funktion des gesetzlichen Tatbestandes ernst nahm, eine direkte Anwendung der Bestimmung für solche unmittelbaren Vermögensverschiebungen zwischen den Ehegatten ausscheiden. Eine Anwendung des § 45 KO konnte dementsprechend für diese Sachverhalte nur im Wege der Analogie oder im Wege des dem Analogieschluß nahe verwandten sog. „argumentum a maiore ad minus" in Betracht kommen. Der Sache nach berief sich denn auch Menz zur Begründung der grundsätzlichen Anwendbarkeit des § 45 KO in den hier zu entscheidenden Fällen auf das „argumentum a maiore ad minus": Wenn § 45 KO seinem Wortlaut nach bereits anwendbar sei, falls der Ehegatte des

204 Vgl. S. 95 f.
205 Vgl. S. 98

Gemeinschuldners Sachen mit Mitteln des Gemeinschuldners von einem Dritten erworben habe, dann müsse er erst recht angewendet werden, wenn der Gemeinschuldner seinem Ehegatten ihm gehörende Mittel geschenkt habe[206]. Eine solche Argumentation erschien auf den ersten Blick nicht unvertretbar. Sie war aber deshalb nicht stichhaltig, weil es hier bereits an der Grundvoraussetzung für eine analoge Anwendung oder eine Anwendung aufgrund des sog. „argumentum a maiore ad minus" fehlte. Analogie und das ihr nahe verwandte sog. „argumentum a maiore ad minus" setzen beide in gleicher Weise wesentlich voraus, daß eine gesetzliche Lücke vorliegt, die entweder im Wege eines Analogieschlusses oder durch ein argumentum a maiore ad minus ausgefüllt werden kann[207]. Eine derartige Gesetzeslücke war aber hinsichtlich der unentgeltlichen Zuwendungen des späteren Gemeinschuldners an seinen Ehegatten überhaupt nicht vorhanden, weil die Konkursordnung für diesen Fall in § 32 Nr. 2 KO eine eigene Sonderregelung getroffen hat. Unter diesen Umständen war es aber methodisch und sachlich verfehlt, die Anwendbarkeit des § 45 KO für diese unmittelbaren Vermögensverschiebungen zwischen den Ehegatten unter Berufung auf den angeblichen Sinn und Zweck der Bestimmung zunächst zu bejahen, um sie erst danach unter Hinweis auf das Prinzip der Spezialität hinter der Anfechtungsbestimmung des § 32 Nr. 2 KO zurücktreten zu lassen. Vielmehr war mit der h.M. davon auszugehen, daß für die unentgeltlichen Zuwendungen des späteren Gemeinschuldners an seinen Ehegatten eine direkte Anwendung der Bestimmung des § 45 KO schon daran scheiterte, daß die tatbestandlichen Voraussetzungen nicht erfüllt waren und daß für eine analoge Anwendung der Bestimmung oder eine Anwendung aufgrund des sog. „argumentum a maiore ad minus" im Hinblick auf die bestehende gesetzliche Sonderregelung des § 32 Nr. 2 KO kein Raum war.

bb) Mit dem damit für die unentgeltlichen Zuwendungen des späteren Gemeinschuldners an seinen Ehegatten gefundenen Ergebnis war zugleich im wesentlichen auch die Frage beantwortet, was zu gelten hatte, wenn der spätere Gemeinschuldner einen ihm gehörenden Gegenstand an seinen Ehegatten veräußert hatte; auch für diesen Fall konnte eine Anwendung des § 45 KO nicht in Betracht kommen. Eine unmittelbare Anwendung der Bestimmung scheiterte hier ebenfalls daran, daß die tatbestandlichen Voraussetzungen nicht erfüllt waren. Der Ehegatte des Gemeinschuldners hatte keinen Gegenstand mit Mitteln des Gemeinschuldners von einem Dritten erworben; er hatte vielmehr einen Gegenstand des Gemeinschuldners von diesem erworben. Eine analoge Anwendung der Bestimmung kam nicht in Betracht, weil auch hier angesichts der gerade auf diesen Fall bezogenen Sonderregelung des § 31 Nr. 2 KO keine ausfüllungsbedürftige Gesetzeslücke

206 Vgl. S. 93

207 Vgl. Larenz, S. 287 ff.; Engisch, S. 142 ff.

vorlag. Der Vertrag mochte, soweit die Voraussetzungen des § 31 Nr. 2 KO – oder auch die des § 31 Nr. 1 KO – vorlagen, anfechtbar sein; der Ehegatte des Gemeinschuldners war aber nicht gem. § 45 KO gehindert, den Gegenstand auszusondern[208].

b) aa) In engem Zusammenhang mit den unter a) aa) erörterten Sachverhalten steht folgender Fall: Der spätere Gemeinschuldner hat seinem Ehegatten Geld geschenkt; dieser hat mit ihm Gegenstände angeschafft. Oder: Der Gemeinschuldner hat seinem Ehegatten Gegenstände geschenkt, dieser hat sie veräußert und mit dem Erlös andere Gegenstände erworben.

In der Literatur bestand weitgehend Übereinstimmung darüber, daß in diesen Fällen zwar die Schenkung anfechtbar sein mochte, daß aber § 45 KO nicht zur Anwendung kommen konnte.

Die h.M. ging – mit Recht – davon aus, daß für eine Anwendung des § 45 KO bereits die tatbestandlichen Voraussetzungen nicht erfüllt waren. Der Ehegatte des Gemeinschuldners hatte das, was er erworben hatte, nicht mit Mitteln des Gemeinschuldners erworben; da mit dem Vollzug der Schenkung die bisher dem späteren Gemeinschuldner gehörenden Mittel sein Eigentum geworden waren und vor allem diese Zuordnung von den Ehegatten dem Wesen der Schenkung entsprechend als endgültig gewollt war, hatte er das, was er erworben hatte, mit eigenen Mitteln erworben[209].

Menz blieb auch für diese Fälle der von ihm befürworteten extensiven Interpretation der Bestimmung des § 45 KO getreu[210]. Er war der Auffassung, daß die Sachverhalte zwar grundsätzlich von § 45 KO erfaßt würden, daß eine Anwendung der Bestimmung aber mit Rücksicht auf das Prinzip der Spezialität daran scheiterte, daß für die Schenkung der Mittel zugleich auch die Voraussetzungen der von ihm als lex specialis erkannten Vorschrift des § 32 Nr. 2 KO erfüllt seien.

Eine teilweise abweichende Meinung war zu § 45 KO a.F. von Bleyer vertreten worden[211]. Bleyer wollte unterscheiden, ob der spätere Gemeinschuldner seinem Ehegatten die Mittel zur freien Verwendung oder zum Zwecke des Erwerbs eines bestimmten Gegenstandes schenkweise überlassen hatte. Im letzten Fall sollte die bestimmungsgemäß angeschaffte Sache wegen des unmittelbaren wirtschaftlichen Zusammenhangs zwischen der Übereignung der Mittel und dem mit ihnen erfolgten Erwerb nach § 45 KO als mit Mitteln des Gemeinschuldners angeschafft haften.

---

208 Das war allgemeine Meinung; vgl. Böhle-Stamschräder § 45 Bem. 4 a; Jaeger-Lent § 45 Rdnr. 12; Mentzel-Kuhn, § 45 Anm. 5; Reinicke Betr. 1965, 961 ff. (965 sub B II 4).

209 Vgl. Böhle-Stamschräder § 45 Bem. 4 b; Jaeger-Lent § 45 Rdnr. 11; Mentzel-Kuhn § 45 Anm. 5; A. Müller NJW 1961, 1442 ff. (1443); H. Müller KTS 1965, 10 ff. (16 sub V); Reinicke Betr. 1965, 961 ff. (964 sub B I 2); ebenso BVerfG vgl. FN 177.

210 Vgl. S. 102

211 Vgl. aaO. § 45 Anm. 4 b.

Es bedarf keiner näheren Erläuterung, daß diese Auffassung nicht zu überzeugen vermochte. Das folgt ohne weiteres daraus, daß die mit der Schenkung der Mittel verfolgte subjektive Zweckbestimmung nicht geeignet sein konnte, darüber zu entscheiden, ob ein nach Vollzug der Schenkung mit diesen Mitteln erfolgter Erwerb als mit Mitteln des Gemeinschuldners i.S.d. § 45 KO gemacht angesehen werden mußte. Dementsprechend hatte eine Anwendung des § 45 KO in diesen Fällen stets außer Betracht zu bleiben, gleichgültig, ob die Schenkung der Mittel nach dem Willen des späteren Gemeinschuldners zur freien Verwendung oder zum Erwerb eines bestimmten Gegenstandes dienen sollte[212].

bb) Den bisher behandelten Fällen der Sache nach ähnlich, im Hinblick auf eine Anwendung des § 45 KO aber weitaus problematischer ist der folgende Fall: Der Ehegatte des Gemeinschuldners hat Gegenstände von einem Dritten gekauft und übereignet erhalten; der spätere Gemeinschuldner hat den Kaufpreis an den Veräußerer gezahlt und ist sich mit seinem Ehegatten darüber einig gewesen, daß dieser ihm das Geld nicht zu erstatten braucht. Oder: Der spätere Gemeinschuldner hat seinem Ehegatten Geld überlassen, nicht übereignet, und ihn gem. § 185 BGB ermächtigt, es für sich zu verwenden, ohne daß ihn eine Rückerstattungspflicht treffen soll.

Es kann keinem Zweifel unterliegen, daß für diesen Sachverhalt sowohl in der einen als auch in der anderen Variante nach dem Wortlaut der Bestimmung die tatbestandlichen Voraussetzungen des § 45 KO erfüllt waren. Der Ehegatte des Gemeinschuldners hatte Gegenstände von einem Dritten erworben, und dies war mit Mitteln geschehen, die dem Gemeinschuldner gehörten. Dementsprechend wurde in der Rechtslehre die Anwendbarkeit des § 45 KO für diesen Fall überwiegend bejaht[213]. Zugleich aber wurde er von denselben Autoren zum Anlaß für eine heftige Kritik an der Sachgerechtheit der Bestimmung des § 45 KO genommen. Gerade dieser Fall zeige – so wurde argumentiert –, daß die Frage der Anwendung oder Nichtanwendung des § 45 KO von reinen Zufälligkeiten abhänge. Habe der spätere Gemeinschuldner zum Erwerb bestimmter Sachen oder zur freien Verfügung seinem Ehegatten Geld geschenkt und habe der Ehegatte mit diesem Geld die Anschaffung gemacht, dann sei § 45 KO nicht anwendbar. Habe dagegen der spätere Gemeinschuldner den Kaufpreis für die von seinem Ehegatten gekauften Sachen unmittelbar an den Verkäufer gezahlt oder habe er seinem Ehegatten für die Anschaffung das Geld überlassen, ohne es ihm zu übereignen, dann sei § 45 KO anwendbar und zwar auch dann, wenn Einigkeit darüber bestanden habe, daß der Ehegatte dem späteren Gemeinschuldner das

212 Ebenso Menz S. 102

213 Vgl. Böhle-Stamschräder § 45 Bem. 3 a; Mentzel-Kuhn § 45 Anm. 2 unter Hinweis auf A. Müller NJW 1961, 1442 ff. (1443); Dölle § 44 II, S. 692 Anm. 57; Baur FamRZ 1958, 252 ff. (255 sub I 6).

Geld nicht zu erstatten brauche. Daß diese Regelung ungereimt und widersprüchlich sei, liege auf der Hand[214].

Es ist nicht zu leugnen, daß die Regelung des § 45 KO in der Tat ungereimt und in sich widerspruchsvoll gewesen wäre, wenn diese Auffassung zugetroffen hätte. Der Zufall darf bei der Beurteilung eines Rechtsfalls keine Rolle spielen[215]. Es ist aber fraglich, ob eine solche Auslegung der Bestimmung des § 45 KO wirklich so unanfechtbar war, wie das z.B. A. Müller behauptete[216]. Reinicke verneinte die Frage. Er war der Auffassung, daß § 45 KO für den hier zu entscheidenden Fall, obwohl er von dem Wortlaut der Bestimmung erfaßt werde, nach seinem Sinn und Zweck genau so wenig anzuwenden sei, wie in den im vorgehenden zu a) und b) aa) behandelten Fällen. Er ging dabei – und darin stimmte er mit der h.M. überein – davon aus, daß die Interessenlage in dem hier fraglichen Fall die gleiche sei wie in den Fällen zu a) und b) aa). Anders als die h.M. zog er aber aus dieser Tatsache die Konsequenz, daß eine sinnvolle Auslegung der Bestimmung des § 45 KO dieser sachlichen Gegebenheit auch Rechnung tragen kann und müsse. Es müsse auch hier als entscheidend angesehen werden, daß der spätere Gemeinschuldner durch die Zahlung des Kaufpreises zugunsten seines Ehegatten oder durch die Überlassung eines entsprechenden Geldbetrages für die Anschaffung eines Gegenstandes im Innenverhältnis eine unentgeltliche Verfügung getroffen habe. Diese Verfügung könne u.U. angefochten werden; der Ehegatte des Gemeinschuldners sei aber nicht durch § 45 KO gehindert, die Gegenstände aus der Konkursmasse auszusondern[217].

Der von Reinicke vertretenen Auffassung war zuzustimmen. Sie allein wurde für beide Fallgruppen der Interessenlage gerecht und vermied damit gleichzeitig die der Bestimmung des § 45 KO von der h.M. vorgeworfenen Widersprüchlichkeit.

Die Frage, was unter einem Erwerb „mit Mitteln des Gemeinschuldners" zu verstehen sei, durfte nicht von dem formalen Eigentum an den für einen Erwerb aufgewendeten Mitteln abhängig gemacht werden; für die Beantwortung der Frage war vielmehr entscheidend, ob diese Vermögenswerte nach den internen Vereinbarungen der Eheleute dem Ehegatten des Gemeinschuldners endgültig zugute kommen sollten oder nicht. Ein Erwerb „mit Mitteln des Gemeinschuldners" war also nicht nur dann zu verneinen, wenn der Ehegatte dazu Mittel aufgewendet hatte, die ihm im Zeitpunkt des Erwerbs bereits gehörten; genau so war zu entscheiden, wenn die für den Erwerb

214 So insb. Schönke-Baur, 7. Aufl. § 51 C V S. 263; ders. FamRZ 1958, 252 ff. (255 sub I 6); A. Müller NJW 1961, 1442 ff. (1443) und ihnen folgend Dölle aaO. und Mentzel-Kuhn aaO.

215 So richtig Reinicke Betr. 1965, 961 ff. (964)

216 Vgl. aaO. S. 1443

217 Vgl. Betr. 1965, 961 ff. (964).

aufgewendeten Vermögenswerte aus dem Vermögen des Gemeinschuldners stammten, sofern nur zwischen den Eheleuten Einigkeit darüber bestand, daß den Ehegatten des Gemeinschuldners keine Rückerstattungsverpflichtung treffen sollte[218].

Zu dem gleichen Ergebnis kam auch Menz[219]. Getreu seiner Grundauffassung löste er die hier zu entscheidenden Sachverhalte über das Verhältnis der Spezialität der anfechtungsrechtlichen Bestimmungen gegenüber der in § 45 KO enthaltenen Aussonderungsbeschränkung.

Die h.M. hatte den Zusammenhang der Aussonderungsbestimmung des § 45 KO mit den Vorschriften der Konkursanfechtung völlig übersehen. Sie sah nicht das hier vertretene Verhältnis der Alternativität mit den sich aus ihm notwendig ergebenden Konsequenzen; sie sah nicht einmal das sich bei der Ausgestaltung der Sachverhalte zunächst einmal aufdrängende Verhältnis der Spezialität[220].

cc) In engem, wirtschaftlichem Zusammenhang mit den im vorhergehenden unter b) aa) und bb) erörterten Sachverhalten steht schließlich noch der folgende Fall: Der Gemeinschuldner hat mit einem Dritten einen Vertrag zugunsten seines Ehegatten geschlossen. Er hat die Gegenleistung an den Dritten erbracht und ist sich mit seinem Ehegatten darüber einig gewesen, daß dieser das Geld oder die sonst hingegebenen Werte nicht zurückzuerstatten brauche.

Dank der inzwischen gefundenen Ergebnisse ist die Frage, wie dieser Fall aussonderungsrechtlich zu behandeln war, nicht schwer zu beantworten; auch hier war § 45 KO nicht anwendbar. Das war im Ergebnis h.M.[221]. Allerdings konnte dieses Ergebnis nicht mit dem Hinweis begründet werden, eine Anwendung der Bestimmung des § 45 KO müsse schon daran scheitern, daß nicht der Ehegatte, sondern der spätere Gemeinschuldner das Geschäft

218 Im Grundsatz ähnlich Jaeger-Lent § 45 Rdnr. 7 zu § 45 KO a.F.: „ „Mittel" sind Werte im wirtschaftlichen Sinn. Im Sinne des § 45 KO sind „Mittel des Gemeinschuldners" beschlagsfähige Werte, die dem Mann von Rechts wegen gehören oder gebühren ... also nicht nur Gegenstände, die zur Zeit der Aufopferung für die Frau bereits Bestandteil des Vermögens des Mannes gewesen sind, nicht nur Gelder, die damals sein Eigentum waren, sondern auch Werte, die er zu beanspruchen hatte." Ebenso Mentzel-Kuhn § 45 Anm. 5; Böhle-Stamschräder § 45 Bem. 3 a. Was hier angeführt wird, um eine Erweiterung der Konkursmasse zu begründen, ist, wenn man den der Begründung zugrundeliegenden – völlig zutreffenden – Gedanken konsequent zu Ende denkt, in seiner Umkehrung genau so richtig und mußte deshalb, bezogen auf die oben angeführten beiden Sachverhalte, zu dem hier vorgetragenen Ergebnis führen. Im Ergebnis übereinstimmend auch das BVerfG; vgl. FN 177.

219 Vgl. S. 95 ff. (insbes. 98 f.).

220 Vgl. FN 213 und 214

221 Vgl. Bleyer § 45 Anm. 4 a; Böhle-Stamschräder § 45 Bem. 4 d; Mentzel-Kuhn § 45 Anm. 5; Jaeger-Lent § 45 Rdnrn. 9 u. 10; Reinicke Betr. 1965, 061 ff. (964); Menz S. 108 ff.; RGZ 14, 21; OLG Hamburg OLGE 32, 374.

abgeschlossen habe[222]. Auch eine die Funktion des Tatbestandes ernst nehmende Auffassung mußte diese Begründung als zu formal ablehnen. Wie Reinicke mit Recht feststellte, mußte insoweit als allein entscheidend angesehen werden, daß der Erwerb einerseits von einem Dritten erfolgt und andererseits dem Ehegatten des Gemeinschuldners zugute gekommen war, weil nur dies für die Belange der Beteiligten erheblich war[223]. Eine Anwendung des § 45 KO scheiterte aber aus den gleichen Gründen, die auch in dem zu b) bb) behandelten Fall eine Anwendung der Bestimmung verboten hatten. Auch in dem hier zu entscheidenden Fall hatte der Gemeinschuldner im Innenverhältnis zugunsten seines Ehegatten unentgeltlich verfügt[224].

c) Nach den bisherigen Untersuchungen kann als Zwischenergebnis festgehalten werden: Die Bestimmung des § 45 KO war nicht anzuwenden, wenn der Gemeinschuldner seinem Ehegatten die Gegenstände, die dieser auszusondern begehrte, entweder geschenkt oder veräußert hatte. Sie war weiterhin auch dann nicht anwendbar, wenn der Gemeinschuldner seinem Ehegatten ihm gehörende Mittel auf andere Weise als durch Schenkung ohne eine entsprechende Rückerstattungsverpflichtung überlassen hatte.

Im folgenden ist nunmehr zu klären, was für die Fälle zu gelten hatte, in denen der Gemeinschuldner seinem Ehegatten die Mittel für den Erwerb der Gegenstände, die dieser auszusondern begehrte, darlehensweise zur Verfügung gestellt hatte.

aa) Als Grundfall ist hier von folgendem Sachverhalt auszugehen: Der Gemeinschuldner hat seinem Ehegatten Geld geliehen; dieser hat damit Gegenstände erworben.

Gegen eine Anwendung der Bestimmung in diesen Fällen wurde vereinzelt geltend gemacht, mit der Übertragung der Darlehensvaluta in das Vermögen des Darlehensempfängers werde dieser Eigentümer des geliehenen Geldes; mithin habe der Ehegatte die Gegenstände mit eigenen und nicht „mit Mitteln des Gemeinschuldners" erworben[225]. Daß diese Auffassung nicht zu überzeugen vermochte, ergibt sich unmittelbar aus dem zuvor Gesagten: Auch hier konnte es – diesmal zu Lasten des Ehegatten des Gemeinschuldners – nicht

222 So aber Jaeger-Lent aaO. und offensichtlich auch Mentzel-Kuhn aaO.

223 Vgl. aaO.

224 Ebenso Reinicke aaO.; und im Ergebnis auch Menz S. 108 ff. (109 f.), der sich weiterhin sehr ausführlich mit der Frage auseinandersetzte, inwieweit dieses Ergebnis auch dann zu gelten hatte, wenn der Erwerb des Ehegatten auf einem Dienst- oder Arbeitsverhältnis zwischen dem späteren Gemeinschuldner und einem Dritten beruhte, die Gegenleistung des Gemeinschuldners also in der Aufopferung seiner Arbeitskraft lag; vgl. dazu S. 111 ff.

225 Vgl. Jaeger-Lent § 45 Rdnr. 11.

auf die formale Eigentümerstellung ankommen; entscheidend war auch hier, wem die Mittel gebührten[226].

Unrichtig war auch die von Menz[227] vertretene Auffassung, der davon ausging, die Darlehensgewährung zwischen Ehegatten falle unter die besonderen Vermögensverschiebungen, die nach den konkursrechtlichen Anfechtungsbestimmungen rückgängig zu machen seien; werde das Darlehen zinslos gewährt, dann liege in der unentgeltlichen Nutzungsüberlassung eine unter den Voraussetzungen des § 32 Nr. 2 KO anfechtbare unentgeltliche Verfügung, bei dem verzinslichen Darlehen aber handele es sich um einen entgeltlichen Vertrag, dessen Anfechtbarkeit sich aus § 31 Nr. 2 KO ergebe.

Die Gewährung eines zinslosen Darlehens stellt als solche genausowenig eine unentgeltliche Verfügung i.S.d. § 32 Nr. 2 KO dar, wie es sich bei der Gewährung eines verzinslichen Darlehens als solcher um einen entgeltlichen Vertrag i.S.d. § 31 Nr. 2 KO handelt. Unentgeltliche Verfügungen i.S.d. § 32 Nr. 2 KO sind Zuwendungen aus dem Vermögen des Schuldners, für die dieser eine Gegenleistung als Entgelt nicht zu beanspruchen hat[228]. Dem Begriff der Zuwendung ist aber das Merkmal der endgültigen Weggabe von Vermögenswerten aus dem Vermögen des Zuwendenden immanent. Mit der Gewährung eines zinslosen Darlehens kann eine unentgeltliche Verfügung i.S.d. § 32 Nr. 2 KO verbunden sein. Das ist dann der Fall, wenn die Darlehensgewährung üblicherweise nur gegen eine entsprechende Vergütung erfolgt. Gegenstand der unentgeltlichen Verfügung ist dann aber nicht die Darlehensgewährung als solche, sondern allein der verlorene Zinsbetrag, weil nur er dem Vermögen des Darlehensempfängers – unentgeltlich – endgültig zugewendet worden ist[229].

Für das verzinsliche Darlehen kann nichts anderes gelten. Der Begriff des entgeltlichen Vertrages in § 31 Nr. 2 KO ist erkennbar auf den Begriff der unentgeltlichen Verfügung i.S.d. § 32 Nr. 2 KO bezogen. Auch hier kommen

---

226 Ebenso Reinicke Betr. 1965, 961 ff. (964 sub B II). Die Darlehenssachverhalte bilden damit das genaue Gegenstück zu den oben behandelten Fällen, in denen der Ehegatte des Gemeinschuldners Anschaffungen gemacht hatte mit Mitteln, die zwar aus dem Vermögen des Gemeinschuldners stammten, die aber nach den internen Vereinbarungen der Eheleute dem Ehegatten endgültig unentgeltlich zugute kommen sollten.Vgl. FN 218.Die Tatsache, daß beide Sachverhaltsgruppen mit dem gleichen Kriterium der ihrer unterschiedlichen wirtschaftlichen Struktur entsprechenden sachgerechten Lösung zugeführt werden konnten, belegte die Tragfähigkeit des Kriteriums und damit zugleich die Richtigkeit der hier vertretenen Auffassung.

227 Vgl. S. 126 f.

228 Das ist die allgemeine Ansicht; vgl. statt aller Jaeger-Lent § 32 Rdnr. 1.

229 Ebenso Jaeger-Lent § 32 Rdnr. 9. Die Richtigkeit der hier vertretenen Auffassung wird im übrigen bestätigt durch die Überlegung, daß es bei der Darlehensgewährung anders als bei den nach § 32 Nr. 2 KO anfechtbaren unentgeltlichen Verfügungen nicht des Rückgewähranspruchs gem. § 37 KO bedarf, um die Darlehensvaluta wieder dem Vermögen des Gemeinschuldners zuzuführen; der Rückforderungsanspruch ergibt sich vielmehr, ohne daß zuvor eine Anfechtung notwendig wäre, unmittelbar aus dem Institut des Darlehens.

auf seiten des Gemeinschuldners lediglich echte Zuwendungen, also endgültige Weggaben aus dem Vermögen, oder die Verpflichtung zu solchen Zuwendungen in Betracht. Der Unterschied gegenüber den unentgeltlichen Verfügungen i.S.d. § 32 Nr. 2 KO besteht allein darin, daß der Erwerb des anderen Teils in seiner Endgültigkeit hier von einer ausgleichenden Zuwendung eben dieses anderen Teils abhängig ist[230]. Daß aber diese Voraussetzungen bei der Gewährung eines verzinslichen Darlehens nicht erfüllt sind, ergibt sich wieder ohne weiteres aus der rechtlichen Natur des Darlehens; auch bei dem verzinslichen Darlehen handelt es sich lediglich um eine zeitweilige Nutzungsüberlassung, nicht aber um eine endgültige Zuwendung.

bb) Eine in der Praxis sicherlich sehr häufig vorkommende Abwandlung des unter c) aa) behandelten Grundfalles stellt folgender Sachverhalt dar: Der Ehegatte des Gemeinschuldners hat den Kaufpreis unmittelbar an den Verkäufer gezahlt und ist sich mit seinem Ehegatten darüber einig gewesen, daß dieser ihm das Geld zurückerstatten muß.

Nach den im vorhergehenden gewonnenen Ergebnissen kann die Antwort auf die Frage, wie dieser Fall aussonderungsrechtlich zu behandeln war, nicht schwer fallen; auch für diesen Fall war § 45 KO anwendbar. Der Ehegatte des Gemeinschuldners hatte von einem Dritten Gegenstände erworben, und dies war mit Mitteln des Gemeinschuldners geschehen[231]. Da andererseits die von dem Gemeinschuldner übernommene Zahlung des Kaufpreises, wie die vereinbarte Rückerstattungsverpflichtung beweist, nicht als unentgeltliche Zuwendung an seinen Ehegatten gedacht war, konnte die Anwendung der Aussonderungsbestimmung auch nicht durch die anfechtungsrechtliche Sonderregelung ausgeschlossen sein[232].

cc) In den gleichen Zusammenhang gehört schließlich noch folgender Fall: Der Gemeinschuldner hat mit einem Dritten einen Vertrag zugunsten seines Ehegatten geschlossen; er hat die Gegenleistung an den Dritten erbracht und ist sich mit seinem Ehegatten darüber einig gewesen, daß dieser ihm das Geld zurückzahlen muß.

Auch für diesen Fall waren die Voraussetzungen für eine Anwendung des § 45 KO unzweifelhaft erfüllt. Sie scheiterte insbesondere – genauso wie in dem oben zu b) cc) behandelten Fall – nicht daran, daß der Ehegatte das Geschäft nicht selbst abgeschlossen hatte. Insoweit war auch hier allein entscheidend, daß der Erwerb dem Ehegatten zugute gekommen war. Andererseits mußte

230 Vgl. statt aller Böhle-Stamschräder § 31 Bem. 3 b; RG DJ 1940, 654.

231 Die Subsumtion war hier noch unproblematischer als in dem im vorhergehenden als Grundfall behandelten Sachverhalt. Da der Ehegatte des Gemeinschuldners nie Eigentümer der zu dem Erwerb verwandten Mittel geworden war, tauchte die Frage, ob der Erwerb trotz der Übereignung der Darlehensvaluta an den Ehegatten als mit Mitteln des Gemeinschuldners erfolgt angesehen werden konnte, erst gar nicht auf.

232 Ebenso Reinicke Betr. 1965, 961 ff. (964 sub B II 2).

auch für diesen Fall eine Anwendung der anfechtungsrechtlichen Sonderregelungen ausscheiden, weil der Ehegatte die Mittel, die der Gemeinschuldner seinem Vertragspartner gezahlt hatte, zurückzuerstatten hatte[233, 234].

d) Den bisher behandelten Fällen war, gleichgültig, ob die Voraussetzungen für eine Anwendung des § 45 KO im Ergebnis zu bejahen waren oder nicht, gemeinsam, daß Vermögenswerte, die ursprünglich einmal dem Gemeinschuldner gehört hatten, seinem Ehegatten aufgrund eines vorausgegangenen, im einzelnen sehr unterschiedlichen rechtsgeschäftlichen Aktes, also vor allem mit Wissen und entsprechend dem Willen des Gemeinschuldners, den Erwerb von Gegenständen ermöglichten. Im folgenden ist nun die aussonderungsrechtliche Behandlung derjenigen Gegenstände aufzuzeigen, zu deren Erwerb der Ehegatte Mittel des Gemeinschuldners ohne dessen Wissen oder gegen dessen Willen verwendet hatte.

Nach der subjektiven Seite sind hier zwei Sachverhalte zu unterscheiden: In dem einen Fall handelte der Ehegatte schuldlos, aufgrund eines entschuldbaren Irrtums über die Rechtszuständigkeit an den zum Erwerb verwendeten Mitteln; im zweiten Fall handelte er schuldhaft, benutzte also entweder bewußt oder aber aufgrund eines nicht entschuldbaren Irrtums über die Rechtszuständigkeit dem Gemeinschuldner gehörende Vermögenswerte zum Erwerb von Gegenständen.

Für die aussonderungsrechtliche Behandlung der Gegenstände konnte freilich dieser Unterschied nicht ins Gewicht fallen; hierfür war allein der objektive Eingriff des Ehegatten in das Vermögen des Gemeinschuldners entscheidend. Dementsprechend waren in beiden Fällen die Voraussetzungen für eine Anwendung des § 45 KO erfüllt: Der Ehegatte des Gemeinschuldners hatte von einem Dritten Gegenstände mit Mitteln des Gemeinschuldners erworben. Das war allgemeine Ansicht[235].

e) Als letzte Gruppe unter den nach den allgemeinen Vorschriften zu beurteilenden Erwerbsgeschäften des Ehegatten des Gemeinschuldners sind hier schließlich noch die Fälle zu erwähnen, in denen der Ehegatte mit Mitteln des Gemeinschuldners und für dessen Rechnung, aber im eigenen Namen als Beauftragter oder Geschäftsführer ohne Auftrag Gegenstände erworben hatte. Daß der Ehegatte diese, ihm von dem Dritten übereigneten Gegenstände, soweit er sie noch nicht an den Gemeinschuldner weitergegeben hatte, nicht aussondern konnte, bedarf keiner näheren Erläuterung. Dementsprechend herrschte Einhelligkeit darüber, daß für diese Fälle ebenfalls die Voraussetzungen für eine Anwendung des § 45 KO erfüllt waren[236].

233 Ebenso Reinicke aaO., S. 965 sub B II 3.

234 Das BVerfG hat die zuletzt behandelten Darlehenssachverhalte in seiner Entscheidung nicht ausdrücklich erwähnt; vgl. FN 177.

235 Vgl. Jaeger-Lent § 45 Rdnr. 12; Reinicke Betr. 1965, 961 ff., 1001 ff. (1001 sub B III); Menz S. 140 ff.; ebenso BVerfG vgl. FN 177.

236 Vgl. Jaeger-Lent § 45 Rdnr. 12; Reinicke Betr. 1965, 961 ff., 1001 ff. (1001 sub B IV); ebenso BVerfG vgl. FN 177.

f) Im folgenden bleibt nun noch die aussonderungsrechtliche Behandlung derjenigen Gegenstände zu klären, die der Ehegatte des Gemeinschuldners entweder kraft Gesetzes oder durch Rechtsgeschäft unter dem Einfluß eherechtlicher oder güterrechtlicher Bestimmungen erworben hatte.

aa) An erster Stelle ist hier die Bestimmung des § 1357 I BGB zu erwähnen, weil sie allgemein, ohne Rücksicht auf den jeweiligen Güterstand, in dem die Ehegatten leben, gültig ist. Ihre Bedeutung für den Aussonderungsanspruch des einen Ehegatten im Konkurs des anderen war im Hinblick auf § 45 KO gering.

Da das positive Recht nur eine Schlüsselgewalt der Frau kennt, mithin nur der Mann gem. § 1357 I BGB Gegenstände erwerben kann, bleibt die Untersuchung von vornherein auf das Aussonderungsrecht des Ehemannes im Konkurs der Ehefrau beschränkt; der Konkurs des Mannes muß aus der Betrachtung ausscheiden. Aber auch insoweit waren die Berührungspunkte zwischen der Vorschrift des § 1357 I BGB und der Aussonderungsbestimmung des § 45 KO selten. Die in § 1357 I BGB enthaltene Bestimmung konnte für die aussonderungsrechtliche Problematik nur dann relevant werden, wenn die später in Konkurs fallende Ehefrau bei Schlüsselgewaltsgeschäften entweder freiwillig oder aber, im Falle der Zahlungsunfähigkeit des Mannes, aufgrund ihrer subsidiären Haftung eigene Mittel aufgewendet hatte; nur für diese, in der Praxis sicherlich höchst selten vorkommenden Fälle konnte davon ausgegangen werden, daß der Ehemann – wenn auch kraft Gesetzes – Gegenstände mit Mitteln seiner Frau, der späteren Gemeinschuldnerin erworben hatte.

Die Frage, wie die so von dem Ehemann erworbenen Gegenstände aussonderungsrechtlich zu behandeln waren, ist nach den im vorhergehenden gewonnenen Erkenntnissen nicht schwer zu beantworten: Da in beiden Fällen nicht davon ausgegangen werden kann, daß die Ehefrau ihrem Mann eine unentgeltliche Zuwendung machen wollte, vielmehr unbedenklich davon ausgegangen werden muß, daß der Ehemann die von seiner Frau aufgewendeten Mittel zurückerstatten sollte, mußte – ähnlich wie in dem Fall, daß der Ehegatte Gegenstände mit Mitteln erworben hat, die ihm von dem Gemeinschuldner geliehen worden waren – eine Aussonderung der Gegenstände durch den Ehemann ausscheiden. Der Tatsache, daß es sich nicht um einen rechtsgeschäftlichen, sondern um einen kraft der gesetzlichen Bestimmung des § 1357 I BGB erfolgten Erwerb handelte, konnte in diesem Zusammenhang keine Bedeutung zukommen[237].

---

237 A.A. Menz, S. 151 ff. In konsequenter Weiterführung der bereits ausführlich abgelehnten Auffassung, die er zu dem Erwerb mit von dem Gemeinschuldner geliehenen Mitteln vertrat, ging er auch hier davon aus, daß dann, wenn die Frau die eigentlich dem Manne obliegende Verbindlichkeit freiwillig mit eigenen Mitteln erfüllt habe, die Aussonderungsbestimmung durch die anfechtungsrechtlichen Sonderregelungen verdrängt werde. Auf die Frage, ob die anfechtungsrechtlichen Sonderregelungen angesichts der Tatsache, daß der Erwerb des Mannes

bb) Wesentlich größere Bedeutung kam der nur für den gesetzlichen Güterstand der Zugewinngemeinschaft geltende, wegen des sachlichen Zusammenhangs aber hier mitzubehandelnden Bestimmung des § 1370 BGB zu.

Nach § 1370 BGB werden Haushaltsgegenstände, die anstelle von nicht mehr vorhandenen oder wertlos gewordenen Gegenständen angeschafft werden, Eigentum des Ehegatten, dem die nicht mehr vorhandenen oder wertlos gewordenen Gegenstände zuvor gehört haben. Wurden die neu angeschafften Gegenstände mit Mitteln des Ehegatten erworben, der Eigentümer der alten Sachen war, dann war die Frage nach der aussonderungsrechtlichen Behandlung dieser Gegenstände unproblematisch; § 45 KO war nicht anzuwenden. Problematisch war die Frage dagegen dann, wenn hierfür Mittel des anderen Ehegatten verwendet wurden und dieser Ehegatte später in Konkurs fiel.

Vom Erwerbstatbestand her sind hier zunächst einmal zwei Sachverhalte zu unterscheiden: In dem einen Fall schafft der Ehegatte, dem die alten Gegenstände gehört haben, die neuen mit Mitteln des späteren Gemeinschuldners an. In dem zweiten Fall kauft sie der spätere Gemeinschuldner mit seinen Mitteln. Im ersten Fall wird der Ehegatte durch rechtsgeschäftlichen Erwerb Eigentümer der Gegenstände; die Bestimmung des § 1370 BGB ist für den Erwerb bedeutungslos. Ob ihr für die Lösung der aussonderungsrechtlichen Problematik im Hinblick auf § 45 KO eine Bedeutung zukommen konnte, wird sich im folgenden noch erweisen müssen. Der zweite Sachverhalt ist der eigentliche Anwendungsfall des § 1370 BGB. Im Gegensatz zu den bisher behandelten Fallgruppen erwirbt hier der Ehegatte des Gemeinschuldners die Gegenstände nicht durch Rechtsgeschäft, sondern kraft Gesetzes. Der Gemeinschuldner hat das Rechtsgeschäft mit dem Dritten abgeschlossen, die Rechtsfolgen treten aber in der Person seines Ehegatten ein; dieser wird, ohne daß es eines Vertrages zugunsten Dritter bedarf, Eigentümer der neuen Gegenstände.

Daß für den ersten Sachverhalt die tatbestandlichen Voraussetzungen des § 45 KO nach dem Wortlaut der Bestimmung erfüllt waren, bedarf keiner näheren Erläuterung: Der Ehegatte des Gemeinschuldners hatte von einem Dritten Gegenstände erworben, und dies war mit Mitteln des Gemeinschuldners geschehen. Für den zweiten Sachverhalt konnte aber, obwohl der Ehegatte das Erwerbsgeschäft nicht selbst getätigt hatte und obwohl es sich weiterhin überhaupt nicht um einen rechtsgeschäftlichen Erwerb, sondern um einen Erwerb kraft Gesetzes handelte, insoweit nichts anderes gelten. Ähnlich wie bei dem Erwerb des Gemeinschuldners zugunsten seines Ehegatten war auch

kraft Gesetzes erfolgt ist, überhaupt zum Zuge kommen können, ging Menz nicht ein. Für den zweiten Fall, daß die Ehefrau aufgrund ihrer subsidiären Haftung leistet, mußte auch nach ihm eine Aussonderung durch den Ehemann ausscheiden; hier habe die Ehefrau ihrem Ehemann keine unentgeltliche Zuwendung gemacht, vielmehr habe sie in Erfüllung der ihr obliegenden gesetzlichen Verpflichtung geleistet.

für diesen Fall insoweit allein entscheidend, daß der Erwerb dem Ehegatten des Gemeinschuldners zugute gekommen ist[238].

Fraglich war dagegen, ob nicht für beide Fälle eine Anwendung der Aussonderungsbestimmung mit Rücksicht auf den Sinn und Zweck der Sonderbestimmung des § 1370 BGB auszuscheiden hatte. Die Frage wurde in der Literatur überwiegend verneint. Soweit für diese Auffassung überhaupt eine Begründung gegeben wurde, wurde in der Regel lapidar darauf hingewiesen, die Mittelsurrogation des § 45 KO sei stärker als die Gegenstandssurrogation des § 1370 BGB[239]. Die gegenteile Auffassung wurde – mit ausführlicher Begründung – insbesondere von Reinicke vertreten[240]. In Übereinstimmung mit der amtlichen Begründung zu § 1377, dem späteren § 1370 BGB[241], ging er dabei von folgender Überlegung aus: Die Bestimmung des § 1370 BGB wolle kraft Gesetzes die Rechtsfolge eintreten lassen, die in der Regel von den Ehegatten gewollt sei. Nach der Vorstellung des Gesetzes sei, weil Haushaltsgegenstände ohne Rücksicht auf das Eigentum an ihnen von beiden Ehegatten benutzt würden, in der Regel gewollt, daß der Ehegatte Eigentümer der neuen Sachen werden solle, dem die alten gehört haben. Diese Regelung sei aber nur dann sinnvoll, wenn der Ehegatte, der auf diese Weise Eigentümer der neuen Gegenstände werde, dem anderen Ehegatten auch die für ihre Anschaffung aufgewendeten Mittel nicht zu ersetzen brauche; sonst habe der Eigentumserwerb keinen Sinn. Mit dieser Feststellung sei aber zugleich die Frage, ob § 45 KO anwendbar oder nicht anwendbar sei, beantwortet. Die Aussonderungsbestimmung sei nicht anwendbar, weil sie nur die Tatbestände erfasse, in denen der Ehegatte dem Gemeinschuldner die Mittel zurückerstatten müsse. An dieser Rechtslage ändere sich auch dadurch nichts, daß dieser unentgeltliche Erwerb, weil er kraft Gesetzes eintrete, – möglicherweise – nicht der Konkursanfechtung unterliege. Sei § 32 Nr. 2 KO nicht – auch nicht entsprechend – anzuwenden, so solle hierdurch der Ehegatte, dem die alten Haushaltsgegenstände gehört haben, begünstigt werden. Diese Begünstigung dürfe nicht zur Folge haben, daß er durch die Anwendung des § 45 KO schlechter stünde, als wenn er die Sachen kraft Vertrags vom Gemeinschuldner unentgeltlich erworben hätte.

---

238 Ebenso Reinicke Betr. 1965, 961 ff.; 1001 ff. (1001 sub B V); Menz, S. 157 f.; a.A. Jaeger-Lent § 45 KO Rdnrn. 9 u. 10 (zu § 1382 BGB a.F.).

239 Vgl. Gernhuber § 34 III 3, S. 323; Soergel-Siebert-Vogel § 1370 Rdnr. 17; Krüger-Breetzke-Nowack (Breetzke) § 1370 Rdnr. 3 u. § 45 KO Rdnr. 4; Staudinger-Felgentraeger § 1370 Rdnr. 27; Jaeger-Lent Nachtrag S. 922 sub A II; Menz S. 156 ff.

240 Vgl. Betr. 1965, 961 ff., 1001 ff. (1001 f. sub B V); ebenso – unter Hinweis auf Reinicke – Böhle-Stamschräder § 45 Bem. 4 e und – ohne Begründung – Erman-Bartholomeyczik § 1370 Bem. 3. Zu dem gleichen Ergebnis neigte offenbar Baur, der anregte, den Erwerb gem. § 1370 BGB wie vorehelichen Erwerb zu behandeln; vgl. FamRZ 1958, 252 ff. (255 sub I 6).

241 Abgedruckt in Massfeller-Reinicke S. 474.

Der von Reinicke vertretenen Auffassung war zu folgen. Nach der Bestimmung des § 1370 BGB soll der Ehegatte, dem die alten, entweder nicht mehr vorhandenen oder inzwischen wertlos gewordenen Haushaltsgegenstände gehört haben, auch Eigentümer der an ihrer Stelle angeschafften neuen Stücke werden, gleichgültig, ob die zu ihrer Anschaffung erforderlichen Mittel von ihm oder dem anderen Ehegatten stammten. Der Regelung liegt, wie Reinicke unter Berufung auf die amtliche Begründung zutreffend herausstellt, die Überlegung zugrunde, daß Haushaltsgegenstände ohne Rücksicht auf das Eigentum an ihnen von beiden Ehegatten in gleicher Weise benutzt und infolgedessen auch abgenutzt werden. Dementsprechend soll die Eigentumslage an ihnen bei einer Erneuerung keine Änderung erfahren, „damit nicht jener Ehegatte den Verlust durch Abnutzung zu tragen hat, der seiner Pflicht aus § 1353 BGB nachkam und sein Eigentum der gemeinschaftlichen Benutzung zuführte“[242]. Diese Regelung kann aber nur dann sinnvoll sein, wenn der Eigentumserwerb an den neuen Sachen endgültig und unanfechtbar ist und der Eigentum erlangende Ehegatte, soweit die Mittel für die Anschaffung von seinem Partner stammten, durch keine Erstattungsverpflichtung belastet wird. Mögliche Ungerechtigkeiten, die dadurch entstehen können, daß an die Stelle der ausrangierten Gegenstände moderne und wertvollere Gegenstände treten, müssen, wenn man überhaupt zu einer solchen Regelung ja sagt – und das hat der Gesetzgeber schließlich, nicht ohne gute Gründe, getan –, um ihrer Klarheit und Eindeutigkeit willen in Kauf genommen werden. Bei diesem Verständnis der Vorschrift kann aber nicht zweifelhaft sein, daß die in § 1370 BGB für den gesetzlichen Güterstand angeordnete Gegenstandssurrogation der in § 45 KO bestimmten Mittelsurrogation vorgehen mußte. Andererseits konnte es für die aussonderungsrechtliche Behandlung solcher Haushaltsgegenstände auch nicht darauf ankommen, ob der Ehegatte des Gemeinschuldners – i.S.d. oben genannten zweiten Fallgestaltung – gem. § 1370 BGB kraft Gesetzes Eigentümer der neuen Stücke geworden war oder ob er sie selbst, mit Mitteln des Gemeinschuldners, durch Rechtsgeschäft erworben hatte. Schließlich konnte dieses unmittelbar aus § 1370 BGB entwickelte Verhältnis der Alternativität der Bestimmung des § 1370 BGB gegenüber der Vorschrift des § 45 KO nicht von der Frage abhängig sein, ob dieser Eigentumserwerb, soweit er kraft Gesetzes erfolgt war, der Konkursanfechtung gem. § 32 Nr. 2 KO unterlag; es bedurfte überhaupt nicht eines Zurückgreifens auf die anfechtungsrechtlichen Sonderregelungen, um eine Anwendung der Aussonderungsbestimmung des § 45 KO zu verneinen. Im übrigen müßte eine Konkursanfechtung, abgesehen von der problematischen, im Ergebnis aber wohl zu bejahende Frage, ob sie bei einem Erwerb kraft Gesetzes in Betracht kommen kann, schon daran scheitern, daß der Ehegatte den Erwerb nicht einer Freigebigkeit des Gemeinschuldners verdankte, sondern nur das bekommen hatte, was ihm als Ersatz für die

242 So mit Recht Gernhuber § 34 III 1, S. 322

abgenutzten oder sonst unbrauchbar gewordenen alten Gegenstände gebührte. In der Praxis wird freilich die Aussonderung von Haushaltsgegenständen durch den Ehegatten des Gemeinschuldners auch zur Zeit der Geltung des § 45 KO vielfach schon deshalb unproblematisch gewesen sein, weil sie zu einem großen Teil zu den Sachen gehören, die nach § 811 ZPO nicht gepfändet werden können oder nach § 812 ZPO nicht gepfändet werden sollen und die deshalb gem. § 1 I und IV KO auch nicht dem Konkursbeschlag unterliegen.

2. Die Aussonderungsbestimmung des § 45 KO wollte verhindern, daß die Gläubiger eines verheirateten Gemeinschuldners benachteiligt wurden; soweit die Benachteiligung wieder rückgängig gemacht worden war, bestand kein Grund mehr für die durch sie angeordnete Beschränkung der Aussonderung. Dementsprechend war, obwohl das Gesetz schwieg, § 45 KO nicht anwendbar, wenn der Ehegatte die Mittel, mit denen er die Gegenstände erworben hatte, dem Gemeinschuldner vor Eröffnung des Konkurses zurückerstattet hatte. Das war allgemeine Auffassung[243].

Umstritten war dagegen die Frage, ob der Ehegatte des Gemeinschuldners auch noch nach Eröffnung des Konkurses die Mittel mit der Wirkung zurückerstatten konnte, daß er die Gegenstände, die er mit ihnen erworben hatte, nunmehr aussondern konnte.

Die h.M. verneinte diese Frage. Zur Begründung wurde, im wesentlichen übereinstimmend, vorgetragen, nach § 15 KO könnten Rechte an den zur Konkursmasse gehörenden Gegenständen nach Eröffnung des Konkursverfahrens nicht mehr mit Wirksamkeit gegenüber den Konkursgläubigern erworben werden[244]. Jaeger-Lent wiesen zusätzlich darauf hin, daß auch gegenüber der Konkursanfechtung unzweifelhaft keine Einlösungsrechte bestünden[245].

Die gegenteilige Auffassung vertrat Reinicke. Zur Begründung führte er an[246]: Die Aussonderungsbestimmung des § 45 KO vergrößere die Konkursmasse. Zum Schutz der Konkursgläubiger ordne sie an, daß – über § 1 KO hinaus – auch solche Gegenstände in die Konkursmasse fielen, die nicht Eigentum des Gemeinschuldners seien. Die Konkursgläubiger seien aber dann nicht schutzwürdig, wenn ihnen die Mittel, durch deren Entziehung sie benachteiligt worden seien, wieder zur Verfügung gestellt würden. Hierbei müsse es gleichgültig sein, ob das vor oder nach Eröffnung des Konkursver-

243 Vgl. Böhle-Stamschräder § 45 Bem. 5; Jaeger-Lent § 45 Rdnr. 7; Mentzel-Kuhn § 45 Anm. 8; Reinicke Betr. 1965, 961 ff., 1001 ff. (1002 sub VI); Müller KTS 1965, 10 ff. (16 sub V); Menz S. 178 ff.

244 Vgl. Böhle-Stamschräder aaO.; Jaeger-Lent aaO.; Mentzel-Kuhn aaO.; Müller aaO.; Menz aaO.; ebenso OLG Marienwerder SeuffA 66 Nr. 86S. 70 ff.

245 Vgl. aaO.

246 Vgl. Betr. 1965, 961 ff., 1001 ff. (1002 sub B VI); ebenso Jaeger-Lent (3./4. Aufl.) § 45 Anm. 7; Mentzel (5. Aufl.) § 45 Anm. 10; Bleyer § 45 Anm. 4 b

fahrens geschehe. Die Aussonderungsbestimmung des § 45 KO erweitere § 1 KO; sie schränke zugleich aber auch § 15 KO ein. Hiergegen spreche auch nicht, daß ein derartiges Einlösungsrecht nicht vorgesehen sei, wenn das Rechtsgeschäft der Konkursanfechtung unterliege. Die unterschiedliche Regelung sei gerechtfertigt im Hinblick auf die wesentlich anderen Voraussetzungen der Konkursanfechtung; soweit Geschäfte anfechtbar seien, verdiene der Dritte keinen Schutz, weil er entweder die Benachteiligungsabsicht des Gemeinschuldners gekannt oder aber kurze Zeit vor Konkurseröffnung Gegenstände unentgeltlich erworben habe. Der Erwerb im Rahmen des § 45 KO weise derartige Besonderheiten nicht auf.

Gegenüber dieser grundsätzlich für allein sachgerecht gehaltenen Regelung war allerdings nach Reinicke eine Einschränkung zu machen. Dem Ehegatten sollte dann kein Einlösungsrecht zustehen, wenn der Gemeinschuldner nach den allgemeinen Vorschriften, also unabhängig von § 45 KO, einen Anspruch auf die mit seinen Mitteln erworbenen Gegenstände hatte. Das ist einmal der Fall, wenn der Ehegatte als Beauftragter oder Geschäftsführer ohne Auftrag für Rechnung des Gemeinschuldners tätig geworden ist (§§ 667, 681 BGB); es ist weiterhin dann der Fall, wenn er die Mittel zum Erwerb der Gegenstände dem Gemeinschuldner zuvor schuldhaft entwendet hatte (§§ 823, 281 BGB)[247].

Der Auffassung von Reinicke war auch in diesem Punkt – trotz mancher Bedenken – zu folgen. Dabei bezogen sich die Bedenken weniger auf die von der h.M. in den Vordergrund ihrer zum gegenteiligen Ergebnis führenden Überlegungen gestellte Bestimmung des § 15 KO. Insoweit war die Argumentation von Reinicke überzeugend. Nach § 1 I KO umfaßt das Konkursverfahren das gesamte, einer Zwangsvollstreckung unterliegende Vermögen des Gemeinschuldners, welches ihm zur Zeit der Eröffnung des Konkurses gehört. Die Vorschrift des § 45 KO erweiterte im Interesse der Gläubiger eines verheirateten Schuldners für den Konkurs eines Ehegatten diesen in § 1 KO festgelegten Massebegriff insoweit, als sie, sofern ihre Voraussetzungen erfüllt waren, auch solche Gegenstände in die Haftung einbezog, die nicht dem Gemeinschuldner gehörten. Unter diesen Umständen erschien es aber durchaus gerechtfertigt, die Vorschrift des § 15 KO in ihrer Wirksamkeit auf die Konkursmasse i.S.d. § 1 I KO zu beschränken und den Gegenständen, welche ohne die Bestimmung des § 45 KO überhaupt nicht Bestandteil der Konkursmasse gewesen wären, die von Reinicke befürwortete Sonderstellung einzuräumen.

Bedenken gegen die von Reinicke vertretene Auffassung ließen sich auch nicht daraus herleiten, daß für die der Konkursanfechtung unterliegenden Rechtsgeschäfte ein solches Einlösungsrecht nicht vorgesehen ist. Die von Reinicke dazu vorgetragene Begründung ist in jeder Hinsicht erschöpfend und überzeugend[248].

247 Vgl. aaO.

248 Vgl. insoweit auch Menz S. 179

Problematisch war allein die Frage, wie der von dem Ehegatten zu leistende Einlösungsbetrag bemessen werden sollte, wenn die einzulösenden Gegenstände einen höheren Wert hatten als die dem Gemeinschuldner entzogenen Mittel im Zeitpunkt ihres Erwerbs. Sollte hier gleichwohl nur der Wert geschuldet sein, den die Mittel im Zeitpunkt ihres Ausscheidens aus dem gemeinschuldnerischen Vermögen hatten? Oder war über diesen Betrag hinaus noch ein hypothetisch zu berechnender Ausgleich geschuldet für die dem Gemeinschuldner durch den Entzug der Mittel entgangenen eigene Nutzung? Oder war überhaupt der Wert zu ersetzen, den die einzulösenden Gegenstände hatten? Und war es dann nicht sinnvoll, gleich ganz auf das Einlösungsrecht zu verzichten?

Eine Antwort auf diese Fragen konnte sich nur aus dem der Aussonderungsbestimmung zugrundeliegenden Sinn und Zweck ergeben. Danach aber mußte folgendes gelten: Sinn und Zweck der Bestimmung des § 45 KO bestanden lediglich darin, die Konkursgläubiger vor der Benachteiligung zu schützen, die darin lag, daß der Konkursmasse Mittel entzogen worden waren. Dementsprechend konnten aber die Konkursgläubiger grundsätzlich keinen Anspruch darauf haben, daß ihnen die Werterhöhung zugute kam, die dann gegeben war, wenn die erworbenen Gegenstände mehr wert waren als die zu ihrem Erwerb verwendeten Mittel[249]. Ein den Konkursgläubigern möglicherweise zustehender Ausgleich für die dem Gemeinschuldner entgangene eigene Nutzung konnte – wenn man einmal von der Schwierigkeit seiner Berechnung ganz absieht – ebenfalls nicht über § 45 KO erreicht werden; insoweit können die Konkursgläubiger allenfalls über die anfechtungsrechtlichen Bestimmungen zum Ziele kommen.

In den beiden einzigen Fällen, in denen man daran denken konnte, der Ehegatte müsse, um die Gegenstände einzulösen, nicht nur den Wert der zu ihrer Anschaffung verwendeten gemeinschuldnerischen Mittel, sondern den aktuellen Wert der Gegenstände aufwenden – wenn der Ehegatte entweder als Beauftragter oder Geschäftsführer ohne Auftrag für Rechnung des Gemeinschuldners sie schuldhaft entwendet hatte –, war, wie Reinicke treffend herausgestellt hat, von vornherein das Einlösungsrecht zu verneinen.

3. Als Ergebnis der Untersuchungen zu der Frage, welche Sachverhalte von der Bestimmung des § 45 KO erfaßt worden sind, kann somit festgehalten werden:

---

249 Ebenso Reinicke aaO.; a.A. Menz S. 180 ff., der selbst für den von ihm allein für zulässig erachteten Fall, daß die Gegenstände vor Konkurseröffnung „eingelöst" worden waren, die Auffassung vertrat, in jedem Fall sei der Wert der Gegenstände zu erstatten. Diese Auffassung war schon deshalb unrichtig, weil vor Konkurseröffnung – soweit nicht einer der beiden von Reinicke angeführten Ausnahmefälle vorlag, in denen der spätere Gemeinschuldner einen Anspruch auf die mit seinen Mitteln erworbenen Gegenstände geltend machen konnte – überhaupt nicht von einer „Einlösung" der Gegenstände, sondern nur von einer Zurückerstattung der Mittel die Rede sein konnte.

Die Aussonderungsbestimmung war nicht anzuwenden bei Gegenständen, die der Ehegatte entweder unentgeltlich[250] oder entgeltlich [251] von dem Gemeinschuldner erworben hatte. Gleiches galt für Gegenstände, die mit Mitteln erworben worden waren, die der Gemeinschuldner seinem Ehegatten zuvor geschenkt hatte[252]. Darüberhinaus war § 45 KO nicht anwendbar, wenn der Gemeinschuldner seinem Ehegatten ihm gehörende Mittel ohne eine entsprechende Rückerstattungsverpflichtung überlassen hatte. Dabei war es gleichgültig, ob der Ehegatte die Gegenstände erworben und der Gemeinschuldner den Kaufpreis an den Veräußerer gezahlt hatte[253], ob der Gemeinschuldner seinem Ehegatten Geld überlassen, nicht übereignet und ihn gemäß § 185 BGB ermächtigt hatte, das Geld für sich zu verwenden[254] oder aber ob der Gemeinschuldner selbst mit einem Dritten einen Vertrag zugunsten seines Ehegatten geschlossen hatte[255].

Schließlich war – für die im gesetzlichen Güterstand lebenden Ehegatten – die Aussonderungsbestimmung nicht anzuwenden bei der Erneuerung von abgenutzten oder sonst unbrauchbar gewordenen Haushaltsgegenständen[256].

Anzuwenden war die Aussonderungsbestimmung einmal bei Gegenständen, zu deren Erwerb der Gemeinschuldner seinem Ehegatten ihm gehörende Mittel dargeliehen hatte. Dabei war es gleichgültig, ob der Ehegatte die Gegenstände selbst erworben und mit den zuvor darlehensweise erhaltenen Mitteln bezahlt hatte[257], ob der Ehegatte sie erworben und der Gemeinschuldner den Kaufpreis unmittelbar an den Veräußerer entrichtet hatte[258] oder ob schließlich der Gemeinschuldner die Gegenstände für seinen Ehegatten angeschafft hatte[259].

Sie war weiterhin anzuwenden bei Gegenständen, für deren Erwerb der Ehegatte ohne Wissen oder gegen den Willen des Gemeinschuldners dessen Mittel verwendet hatte[260]. Dabei war es insoweit gleichgültig, ob der Ehegatte schuldlos oder schuldhaft gehandelt hatte.

Die Aussonderungsbestimmung war weiterhin anzuwenden bei Gegenständen, die der Ehegatte als Beauftragter oder Geschäftsführer ohne Auftrag für Rechnung des Gemeinschuldners erworben hatte[261]. Schließlich war sie

250 Fall a aa)
251 Fall a bb)
252 Fall b aa)
253 Fall b bb) 1. Variante
254 Fall b bb) 2. Variante
255 Fall b cc)
256 Fall f bb)
257 Fall c aa)
258 Fall c bb)
259 Fall c cc)
260 Fall d
261 Fall e

anzuwenden im Konkurs der Ehefrau bei Gegenständen, die der Ehemann gem. § 1357 I BGB erworben hatte, wenn die Ehefrau zu ihrem Erwerb entweder freiwillig oder, im Falle der Zahlungsunfähigkeit des Ehemannes, aufgrund ihrer subsidiären Haftung eigene Mittel aufgewendet hatte[262].

Abgesehen von den Fällen, in denen der Ehegatte als Beauftragter oder Geschäftsführer ohne Auftrag für Rechnung des Gemeinschuldners tätig geworden war oder aber Gegenstände mit Mitteln angeschafft hatte, die er dem Gemeinschuldner zuvor entwendet hatte, konnte der Ehegatte die Folgen der Aussonderungsbestimmung immer dadurch abwenden, daß er entweder vor oder nach Eröffnung des Konkurses die Mittel, mit denen er die Gegenstände erworben hatte, dem Gemeindeschuldner wieder zurückerstattete.

IV. Würdigung der Bestimmung

Nachdem so das Ausmaß der in § 45 KO getroffenen materiellrechtlichen Regelung feststeht, ist der Weg frei für eine Würdigung der Bestimmung.

1. Hinsichtlich der materiellrechtlichen Regelung kann sich diese Würdigung – darin ist Reinicke zu folgen[263] – am besten an der Frage orientieren, inwieweit die Aussonderungsbestimmung die Rechtslage verändert hatte, die ohne sie, aufgrund der allgemeinen Vorschriften besteht.

Am geringsten ist der Unterschied in den Fällen, in denen der Ehegatte des Gemeinschuldners schuldhaft rechtswidrig oder aber im eigenen Namen, jedoch für Rechnung des Gemeinschuldners als dessen beauftragter oder nicht beauftragter Geschäftsführer mit Mitteln des Gemeinschuldners Anschaffungen macht. In diesen Fällen kann der Konkursverwalter auch ohne die Aussonderungsbestimmung gem. §§ 667, 681 bzw. 823, 281 BGB von dem Ehegatten des Gemeinschuldners Übereignung und Herausgabe der angeschafften Gegenstände verlangen, um sie auf diese Weise zur Konkursmasse zu ziehen. Die Bedeutung des § 45 KO bestand in diesen Fällen also allein darin, dem Konkursverwalter diesen Umweg zu ersparen; auch ohne daß oder bevor der Ehegatte des Gemeinschuldners seiner Verpflichtung zur Herausgabe und Übereignung nachgekommen war, fielen die Gegenstände in die Konkursmasse. Der Ehegatte wurde durch diese Regelung nicht ungerechtfertigt betroffen. Die Aussonderungsbestimmung ging ausschließlich zu Lasten seiner Gläubiger. Obwohl die Gegenstände – noch – dem Ehegatten gehörten, konnten sie nicht in diese vollstrecken. Die Regelung war aber deshalb nicht ungerechtfertigt, weil weder der Ehegatte noch seine Gläubiger einen Anspruch auf die so erworbenen Gegenstände geltend machen können[264].

262 Fall f aa

263 Vgl. Betr. 1965, 961 ff., 1001 ff. (1002 sub VII).

264 Ebenso Reinicke Betr. 1965, 961 ff., 1001 ff. (1003).

Grundsätzlich gravierender war der Unterschied in den übrigen oben angeführten Fällen. Hier ist der Ehegatte ohne die Aussonderungsbestimmung lediglich verpflichtet, die Mittel – als Darlehen oder aus ungerechtfertigter Bereicherung – zurückzuerstatten. Die Gegenstände kann er, da § 281 BGB nicht anwendbar ist, behalten. Die darin liegende mögliche Schlechterstellung wurde aber dadurch wesentlich aufgewogen, daß der Ehegatte nach richtiger Auffassung in diesen Fällen auch noch nach Eröffnung des Konkursverfahrens die Möglichkeit hatte, die Mittel zurückzuerstatten und sich so die Aussonderung der Gegenstände zu erhalten. Soweit er von dieser Möglichkeit keinen Gebrauch machte, erlosch seine Ersatzpflicht in Höhe des Wertes der erworbenen Gegenstände. Die Aussonderungsbestimmung ging also auch hier allenfalls zu Lasten der Gläubiger des Ehegatten, die auf diese Gegenstände, obwohl sie – noch – ihrem Schuldner gehörten, nicht zurückgreifen konnten. Auch diese Regelung war aber nicht ungerechtfertigt. Die Mittel, die den Erwerb ermöglichten, stammen von dem Gemeinschuldner. Durch ihren Entzug sind die Konkursgläubiger benachteiligt. Unter diesen Umständen konnte es nicht als unbillig angesehen werden, wenn das Gesetz den Konkursgläubigern, soweit der Ehegatte nicht in der Lage war, die Mittel zurückzuerstatten, dadurch einen Ausgleich sicherte, daß es die mit dem gemeinschuldnerischen Vermögen entzogenen Mitteln angeschafften Gegenstände zur Konkursmasse zog[265].

Dem BVerfG ist in vollem Umfang zuzustimmen, wenn es davon ausgeht, daß § 45 KO nur geringe materiellrechtliche Bedeutung zukam[266]. Man wird darüber hinaus, ohne mit der Auffassung des BVerfG in Widerspruch zu geraten, feststellen dürfen, daß die materiellrechtliche Regelung bei sachgerechter Interpretation der Bestimmung nicht zu beanstanden ist. Das erweist vor allem der Vergleich mit der Rechtslage, die ohne die Bestimmung aufgrund der allgemeinen Vorschriften besteht.

2. Folgerichtig sah das BVerfG das Schwergewicht der Aussonderungsbestimmung in der den materiellen Rechtssatz ergänzenden Beweislastregel[267].

Es ging davon aus, diese Vorschrift werde nicht selten, vor allem dann, wenn die Ehe lange bestanden habe und der Erwerb der Gegenstände schon Jahre zurückliege, dazu führen, daß der Ehegatte auch dann ihm gehörende Gegenstände an den Konkursverwalter herausgeben müsse, wenn er diese mit eigenen Mitteln erworben habe, weil er den von ihm geforderten Beweis oft nicht würde erbringen können. Für eine solche, ausschließlich den Ehegatten

265 Ebenso Reinicke, aaO., S. 1003.

266 Vgl. FN 177. Nicht zutreffend ist es, wenn das BVerfG diese Auffassung als allgemeine Meinung darstellt. In der Literatur war, wie oben nachgewiesen worden ist, aufgrund einer allzu vordergründigen Interpretation der Bestimmung gerade auch die in ihr getroffene materiell-rechtliche Regelung als widerspruchsvoll und ungereimt gerügt worden. Vgl. FN 213 und 214.

267 Vgl. FN 177

des Gemeinschuldners belastende Regelung, die dem Gläubiger weitergehende Zugriffsmöglichkeiten als bei einer Einzelzwangsvollstreckung eröffne, müßten erhebliche Gründe sprechen, um eine Verletzung des Art. 6 I GG zu verneinen, der neben dem Gebot, Ehe und Familie vor Beeinträchtigungen durch andere Kräfte zu bewahren und durch geeignete Maßnahmen zu fördern, zugleich auch für den Staat selbst das Verbot enthalte, die Ehe zu schädigen oder sonst zu beeinträchtigen[268].Nach der Auffassung des BVerfG sind solche Gründe nicht gegeben.

In Übereinstimmung mit seiner bisherigen Rechtsprechung stellte das BVerfG ausdrücklich fest, daß es nicht in jedem Fall dem Gebot des Ehe- und Familienschutzes widerspreche, wenn der Staat die normalerweise vorauszusetzende Lebens- und Interessengemeinschaft der Ehegatten und die sich daraus ergebende wirtschaftliche Situation bei einer gesetzlichen Regelung berücksichtige. Es bedürfe aber einleuchtender Sachgründe, die erkennen ließen, daß eine für Ehegatten ungünstigere Regelung ihren Grund in der durch die eheliche Lebens- und Wirtschaftsgemeinschaft gekennzeichneten besonderen Situation der Ehegatten habe und deshalb nicht als Diskriminierung der Ehe angesehen werden könne[269]. Diese Voraussetzungen seien vorliegend nicht erfüllt. Den sich aus dem Zusammenleben der Ehegatten ergebenden Möglichkeiten untereinander nach außen hin nicht erkennbare, die Gläubiger schädigende Vermögensverschiebungen vorzunehmen, werde bereits durch die Eigentumsvermutungen des § 1362 BGB einerseits und die Vorschriften über die Konkursanfechtung andererseits wirksam begegnet. Im Gegensatz zu diesen Regelungen, die zeitliche und sachliche Begrenzungen enthielten, knüpfe § 45 KO ohne jede zeitliche Begrenzung an die bloße Existenz der Ehe an. Dadurch werde in jedem Fall das Übermaßverbot verletzt; schon deshalb müsse die Vorschrift für nichtig erklärt werden. Daneben sei zu bedenken, daß auch im Verhältnis der Ehegatten zueinander vermögensrechtliche Dispositionen grundsätzlich nicht anders behandelt werden könnten als vergleichbare Verfügungen nicht miteinander verheirateter, aber ebenfalls in häuslicher Gemeinschaft lebender Personen. Dem werde zwar entgegengehalten, daß die Ehe die typische häusliche Lebensgemeinschaft sei und der Gesetzgeber deshalb andere, selten vorkommende Wirtschaftsgemeinschaften, die zu einer Gläubigergefährdung führen könnten, außer Betracht lassen dürfe. Damit sei aber § 45 KO noch nicht gerechtfertigt, weil die Vorschrift stärker in die Rechtsposition der Ehegatten eingreife, als es zur Erreichung des gesetzgeberischen Zwecks erforderlich sei.

Die Argumentation des BVerfG vermag nicht zu überzeugen.

a) Es ist nicht zu leugnen, daß die den materiellen Rechtssatz in § 45 KO ergänzende Beweislastregel im Einzelfall dazu führen konnte, dem Ehegatten

---

268 Vgl. dazu bereits BVerfGE 6, 55 (76) = NJW 1957, 417.

269 Vgl. dazu ausführlich BVerfGE 17, 210 (217 ff.) = NJW 1964, 587

des Gemeinschuldners die Aussonderung ihm gehörender Gegenstände aus der Konkursmasse zu verwehren, obwohl er sie in Wahrheit nicht „mit Mitteln des Gemeinschuldners" erworben hatte. Aus dieser Tatsache aber zu schließen, die Beweislastregel habe zur Folge, daß der Ehegatte des Gemeinschuldners „weitgehend" für die Schulden des Gemeinschuldners einstehen müsse, ist nicht zutreffend[270]. Auch die vorsichtigere Formulierung des BVerfG, eine solche Situation werde sich „nicht selten" ergeben, weil der Ehegatte den Beweis „oft" nicht führen könne[271], ist nicht gerechtfertigt. Ein Ehegatte wird, wenn er nachzuweisen vermag, daß bestimmte Gegenstände ihm gehören – und diese Beweislast trifft ihn im Rahmen des § 1362 BGB ohnehin –, in aller Regel oder doch sehr häufig auch beweisen können, mit welchen Mitteln er sie erworben hat[272]. In jedem Falle ist der Ehegatte des Gemeinschuldners entgegen der von dem BVerfG vertretenen Auffassung mit diesem Nachweis nicht ungerechtfertigt belastet; er ist ihm deshalb eher zuzumuten als den Konkursgläubigern oder dem Konkursverwalter, weil er weit leichter als sie in der Lage ist, die dazu erforderlichen Voraussetzungen zu schaffen.

Die Sachgerechtheit der der Beweislastregel zugrunde liegenden Risikoverteilung ist, soweit ersichtlich, für die Zeit der Geltung des § 45 KO a.F. nie ernsthaft bezweifelt worden. Entgegen der von dem Bundesminister der Justiz in seiner Stellungnahme vertretenen Auffassung[273] ist diese Risikoverteilung angesichts des geltenden, unter dem Verfassungssatz der Gleichberechtigung von Mann und Frau stehenden Rechts und der veränderten Lebenswirklichkeit, der dieses Recht entsprechen soll, nicht unsachgemäß geworden. Eher ist das Gegenteil der Fall.

Der gesetzliche Güterstand der Zugewinngemeinschaft ist ein System der Gütertrennung mit einem schuldrechtlichen Zugewinnausgleich nach Beendigung des Güterstandes; grundsätzlich ist jeder Ehegatte frei in der Verwaltung seines Vermögens und in der Verfügung über sein Vermögen. Das ändert nichts an der Tatsache, daß aufgrund der zwischen den Ehegatten bestehenden häuslichen Gemeinschaft und der überhaupt zwischen ihnen bestehenden engen Verbundenheit die Grenzen der beiden Vermögensmassen nach wie vor für außenstehende Dritte nur schwer überschaubar sind. Andererseits sind aufgrund der veränderten Lebenswirklichkeit weitaus häufiger als früher beide

270 So aber die überwiegende Meinung in der Literatur vor der ihr Rechnung tragenden Entscheidung des BVerfG. Vgl. insbes. Bosch, Rpfleger 1954, [illegible] ff. (80), und Dölle, § 44 II 3, und ähnlich Mentzel-Kuhn, § 45 Anm. 1; Baur, FamRZ 1958, 252 ff. (255 sub I 6); ders. Lehrbuch, § 51 C V 2; Eisser, Die Justiz, 1958, 72 ff. (77); Böhle-Stamschräder, § 45 KO Bem. 1; Lent-Jauernig, 10. Aufl., § 45 I 1 f.; Gernhuber, § 22 III 7; Erman-Bartholomeyczik, § 1962 Bem. 6.

271 Vgl. FN 177.

272 So mit Recht Reinicke, aaO., S. 1003.

273 Vgl. BVerfGE aaO. S. 107 f. = FamRZ 1968, 437 ff. (438 sub I 4).

Ehegatten aktiv im Erwerbsleben tätig. Dadurch ist – bei beiden Ehegatten – die Möglichkeit, getrennte Vermögensmassen zu bilden genauso größer geworden wie umgekehrt das Risiko, so viele Schulden anzuhäufen, daß eine konkursreife Situation entsteht. Dem entspricht aber, daß bei den Gläubigern von verheirateten Schuldnern nicht nur die Chancen sondern auch das Risiko, zu einer möglichst weitgehenden Befriedigung zu kommen, größer geworden sind. Aus alldem folgt m.E., daß die in der Beweislastregel zum Ausdruck kommende Wertung der Interessen des nicht schuldenden Ehegatten einerseits und der Gläubiger andererseits entgegen der Auffassung des BVerfG grundsätzlich nicht zu beanstanden war. Die Ehegatten hatten es angesichts der ihnen durch § 45 KO drohenden Sanktion in der Hand, rechtzeitig die Beweismittel nicht nur für die Zuordnung der Vermögensgegenstände sondern auch der Mittel, die zu ihrem Erwerb geführt hatten, zu sichern; einem Ehegatten, der diese Obliegenheit vernachlässigte, geschah, wenn ihm im Falle des Konkurses des anderen Ehegatten die Aussonderung nachweislich ihm gehörender Gegenstände versagt blieb, grundsätzlich kein Unrecht. Die Verfassungswidrigkeit der Bestimmung des § 45 KO wäre dementsprechend allein im Hinblick auf die ihr fehlenden zeitlichen und sachlichen Begrenzungen zu begründen gewesen[274]. Aber auch insoweit kann dem BVerfG nicht gefolgt werden.

b) Die von dem BVerfG kritisierte Tatsache, daß die Aussonderungsbestimmung des § 45 KO im Unterschied zu den Vorschriften über die Konkursanfechtung und der Eigentumsvermutung des § 1362 BGB keinerlei zeitliche und sachliche Begrenzung enthielt, ergab sich ohne weiteres aus der unterschiedlichen Natur der Sachverhalte, die durch sie erfaßt werden sollten.

aa) Die anfechtungsrechtlichen Sonderregelungen, insbesondere auch die hier vor allem interessierenden Vorschriften der §§ 31 und 32 KO, stellen Sanktionen dagegen dar, daß der spätere Gemeinschuldner angesichts des drohenden wirtschaftlichen Ruins seine Vermögensmasse zum Nachteil seiner Gläubiger mindert. Dabei wird teilweise an die Beziehung des Schuldners zu den Begünstigten, teilweise an deren Kenntnis um die wirtschaftliche Lage des Schuldners, vor allem aber an den zeitlichen Zusammenhang der für die Gläubiger schädlichen Manipulationen des Schuldners mit der Eröffnung des Konkursverfahrens angeknüpft. Der Konkursmasse sollen Vermögenswerte, die ihr ungerechtfertigt entzogen worden sind, wieder zugeführt werden. Die Aussonderungsbestimmung des § 45 KO hatte eine ganz andere Zielrichtung. Durch sie sollte sichergestellt werden, daß der Konkursmasse keine Vermögensgegenstände entzogen werden, auf die der Gemeinschuldner entweder

274 Aus der Entscheidung des BVerfG wird nicht klar, ob der Senat in dem angeblichen Verstoß gegen das Übermaßverbot den wesentlichen Grund für die Verfassungswidrigkeit sieht oder ob er bereits die grundsätzliche in der Beweislastregel des § 45 KO zum Ausdruck kommende Wertung für verfassungswidrig ansieht.

unmittelbar oder aber mittelbar, als Surrogate für die zu ihrem Erwerb aufgewendeten Mittel einen Anspruch hatte[275].

Eine andere Frage ist, ob es nicht zulässig war, die Aussonderung bestimmter Gegenstände trotz Vorliegen der tatbestandlichen Voraussetzungen des § 45 KO zu gestatten, wenn entweder der Übereignungs- und Herausgabeanspruch des Gemeinschuldners hinsichtlich der Gegenstände selbst oder aber sein Rückgewähranspruch hinsichtlich der Mittel der Natur des jeweiligen Anspruchs entsprechend verjährt waren. Diese vom BVerfG überhaupt nicht angeschnittene Frage war unbedenklich zu bejahen. Dadurch konnten, zumindest teilweise, Härten vermieden werden, die das BVerfG für einen lange zurückliegenden Erwerb von Gegenständen wegen der dann in Betracht kommenden Beweisschwierigkeiten befürchtete.

Im übrigen hat das BVerfG diese Beweisschwierigkeiten und die aus ihnen erwachsenden Unbilligkeiten m.E. überschätzt. Die Vorschrift des § 45 KO stand – davon ging auch das BVerfG aus – einer Aussonderung schon dann nicht im Wege, wenn der Ehegatte des Gemeinschuldners nachzuweisen vermochte, daß die Mittel zum Erwerb bestimmter Gegenstände zwar aus dem Vermögen des Gemeinschuldners stammten, zwischen den Eheleuten aber Einigkeit darüber bestand, daß den Ehegatten keine Rückerstattungsverpflichtung treffen sollte; er brauchte nicht den Nachweis zu führen, daß die für den Erwerb aufgeführten Mittel aus seinem Vermögen herrührten. Damit war der den Ehegatten belastenden Beweislastregel, wenn die Eheleute sich einig waren – und das darf man, trotz der besonderen Situation des Konkurses, als den Regelfall ansehen –, viel von ihrer Härte genommen. Gravierende Beweisschwierigkeiten konnten allenfalls dann auftreten, wenn entweder die Ehegatten sich uneinig waren oder wenn, wie das in dem der Entscheidung

275 Das verkennt auch Brox, wenn er feststellt, das BVerfG habe mit seiner Entscheidung eine bisher bestehende Ungereimtheit beseitigt: Normalerweise sei es für eine Partei besser, wenn sie sich auf einen entgeltlichen und nicht auf einen unentgeltlichen Erwerb berufen könne, da bei einem unentgeltlichen Erwerb eher die Gefahr bestehe, den Gegenstand wieder zurückgeben zu müssen; § 45 KO aber habe diese Regel auf den Kopf gestellt. Vgl. FamRZ 1968, 406 ff. (408 sub III). Bei den anfechtungsrechtlichen Sonderregelungen geht es, wie bereits festgestellt worden ist, in der Tat darum, den Vorwurf auszuräumen, daß der spätere Gemeinschuldner bestimmten Dritten zum Nachteil der Gläubiger ungerechtfertigte Zuwendungen gemacht hat. Dabei ist die Beweislastverteilung bei den einzelnen Tatbeständen je nach der Fallgestaltung verschieden geregelt. Im Rahmen des § 45 KO stellte sich ein ganz anderes Problem; hier ging es um die Vorfrage, ob der spätere Gemeinschuldner seinem Ehegatten überhaupt eine Zuwendung gemacht hatte oder ob dem Ehegatten mit dem Erwerb bestimmter Vermögensgegenstände im Hinblick auf die dazu verwendeten Mittel gegenüber dem späteren Gemeinschuldner eine Rückerstattungsverpflichtung erwuchs. Erst wenn durch den Nachweis, daß dem Ehegatten nach den internen Vereinbarungen der Eheleute eine solche Rückerstattungsverpflichtung nicht entstehen sollte, diese Vorfrage zugunsten des Ehegatten entschieden war, konnte sich die weitere Frage stellen, ob möglicherweise für den gleichen Sachverhalt einer der anfechtungsrechtlichen Tatbestände in Betracht kam.

des BVerfG zugrunde liegenden Sachverhalt der Fall war[276], der Gemeinschuldner, weil er zuvor verstorben war, als Zeuge nicht zur Verfügung stand. Im übrigen konnte gerade für die Gegenstände, deren Erwerb sehr lange zurücklag, mit den Grundsätzen über den prima facie-Beweis geholfen werden. War etwa ein Grundstück viele Jahre vor Eröffnung des Konkurses mit Mitteln erworben worden, die aus dem Vermögen des späteren Gemeinschuldners stammten, und gab es keinerlei Anhaltspunkte dafür, daß der spätere Gemeinschuldner irgendwann einmal gegenüber seinem Ehegatten die Rückerstattung der Mittel geltend gemacht hatte, dann sprach eine tatsächliche Vermutung dafür, daß er seinem Ehegatten die Mittel ohne eine solche Rückgewährpflicht hatte überlassen wollen[277].

bb) Die Tatsache, daß § 45 KO anders als § 1362 I 1 BGB auch anwendbar war, wenn die Ehegatten getrennt lebten, ergab sich ebenfalls aus dem unterschiedlichen Schutzzweck der beiden Vorschriften.

Die Eigentumsvermutungen des § 1362 BGB sind in ihrer gegenständlichen Wirkung beschränkt auf bewegliche Sachen. Sie treten bei verheirateten Schuldnern zugunsten der Gläubiger an die Stelle der allgemeinen Vermutung des § 1006 BGB, nach der, weil im räumlichen Bereich der Ehe der Ehegatte, der nicht Schuldner ist, häufig Besitz, in aller Regel aber wenigstens Mitbesitz an den beweglichen Sachen des Schuldners hat, – zum Nachteil der Gläubiger – regelmäßig vermutet würde, daß der nicht schuldende Ehegatte Eigentümer oder wenigstens Miteigentümer der Sache wäre. Leben die Eheleute getrennt, dann besteht für die Vermutung des § 1362 I 1 BGB – anders als für die Vermutung des § 1362 II BGB, für die die sachenrechtliche Situation bedeutungslos ist und die deshalb auch bei Getrenntleben der Ehegatten uneingeschränkt gilt – kein Bedürfnis mehr. Besitz und Eigentum der Ehegatten entwirren sich. Mit der Überschaubarkeit der tatsächlichen Zuordnung beweglicher Sachen wird auch ihre rechtliche Zuordnung offenkundig. § 1006 BGB kann seine Funktion genauso sinnvoll erfüllen wie bei unverheirateten Schuldnern. Bei der Vorschrift des § 45 KO war das anders. Sie war in ihrer gegenständlichen Wirkung nicht auf bewegliche Sachen beschränkt; sie bezog sich auch auf Grundstücke und nicht nur auf Sachen, sondern auch auf Rechte. Sie hatte in keiner Weise die Aufgabe, die Gläubiger von verheirateten Schuldnern vor Nachteilen zu schützen, die sich aus der Unüberschaubarkeit der tatsächlichen Zuordnung von Gegenständen ergeben konnten. Dementsprechend war es aber auch nicht notwendig sachlich geboten, ihre Anwendbarkeit davon abhängig zu machen, daß der nichtschuldende Ehegatte mit dem Gemeinschuldner in häuslicher Gemeinschaft zusammenlebte.

---

276 Vgl. BVerfGE aaO., S. 105.

277 Ähnlich offenbar das OLG Köln in der dem Beschluß des BVerfG vorausgegangenen Entscheidung. Vgl. BVerfGE aaO. S. 105.

cc) Schließlich vermag auch das letzte von dem BVerfG angeführte Argument, § 45 KO habe eine ungerechtfertigte Belastung von Ehegatten gegenüber anderen mit dem Gemeinschuldner in häuslicher Gemeinschaft lebenden Personen dargestellt, nicht zu überzeugen. Einmal gilt dies für die die Ehegatten nicht minder beschwerenden Gläubigerschutzbestimmungen des §§ 1362 BGB/739 ZPO genauso[278].

Die unterschiedliche Behandlung der in formgültiger Ehe zusammenlebenden Ehegatten von den hier für einen Vergleich allein ernsthaft in Betracht kommenden in eheähnlicher Gemeinschaft zusammenlebenden Personen ist aber auch sachlich nicht zu beanstanden, selbst dann nicht, wenn sich Sonderregelungen ausnahmsweise zuungunsten der Ehegatten auswirken können. Man kann nicht auf der einen Seite eheähnliche Lebensgemeinschaftten diskriminieren – und das geschieht indirekt gerade durch die Verfassungsnorm des Art. 6 GG – und auf der anderen Seite Sonderregelungen, die nur für Ehegatten gelten, im Hinblick auf eine mögliche Besserstellung der in einer solchen eheähnlichen Lebensgemeinschaft lebenden Personen angreifen.

3. a) Im Vorhergehenden ist versucht worden, nachzuweisen, daß das BVerfG § 45 KO zu Unrecht für verfassungswidrig erklärt hat. Daraus folgt nicht zwingend, daß den Gläubigern von verheirateten Schuldnern dadurch ein nicht oder nur schwer wieder gutzumachender Nachteil entstanden ist. Folgt man der hier vertretenen Auffassung, dann kam der Aussonderungsbestimmung ohnehin nur geringe praktische Bedeutung zu. Die Praxis wird deshalb erweisen müssen, inwieweit die Interessen der Gläubiger auch ohne eine solche oder eine ähnliche Vorschrift durch die auch im Konkurs zu ihren Gunsten geltenden Eigentumsvermutungen des § 1362 BGB einerseits und die Vorschriften über die Konkursanfechtung andererseits hinreichend geschützt sind. Sollte sich das Gegenteil erweisen, dann wird der Gesetzgeber überlegen müssen, wie er dem durch eine Neuregelung Rechnung tragen kann. Brox hat hierzu eine Reihe von Vorschlägen gemacht[279]. Am sinnvollsten erscheint eine Verschärfung der anfechtungsrechtlichen Bestimmungen. Daneben ist auch der von Brox vorgeschlagene Auskunftsanspruch des Konkursverwalters gegenüber dem Ehegatten des Gemeinschuldners bedenkenswert. Sollte sich der Gesetzgeber veranlaßt sehen, eine neue, § 45 KO weitgehend entsprechende Vorschrift zu schaffen, dann könnte sie sich an der hier vertretenen restriktiven Auslegung orientieren. Sie müßte insbesondere den der Aussonderungsbeschränkung zugrunde liegenden Surrogationsgedanken eindeutiger zum Ausdruck bringen.

278 Für eine analoge Anwendung des § 739 ZPO auf eheähnliche Verhältnisse AG Berlin-Neukölln in DVGZ 1966, 24 f.; dagegen mit Recht Kabisch, DGVZ 1966, 25 f; vgl. FN 110.

279 Vgl. FamRZ 1968 aaO. S. 409 sub V 2 ff.

b) Schwerer als die durch die Entscheidung des BVerfG zu § 45 KO entstandenen Lage wiegt die Sorge, sie könnte einen ersten Schritt in einer Entwicklung darstellen, wie sie insbesondere von Bosch gefordert wird[280]. Bosch sieht einen unmittelbaren Zusammenhang zwischen der Vorschrift des § 45 KO und den Bestimmungen der §§ 1362 BGB/739 ZPO sowie der in § 32 Nr. 2 KO enthaltenen Fristerstreckung bei der Schenkungsanfechtung gegenüber Ehegatten. Er möchte auch diese Vorschrift für verfassungswidrig erklärt wissen[281]. Hier wird eine die Interessen der Ehegatten von Schuldnern gegenüber den Interessen der Gläubiger von verheirateten Schuldnern eindeutig überbetonende Wertung vorgenommen. Die Tatsache, daß das geltende güterrechtliche System jedem Ehegatten eine möglichst individuelle Vermögensverwaltung einräumen soll, darf sich nicht einseitig zu Lasten der Gläubiger auswirken. Dem Ehegatten, der grundsätzlich frei ist in der Verwaltung seines Vermögens, kann auch die Verantwortung dafür aufgebürdet werden, die Erkennbarkeit der Grenzen seines Vermögens zu sichern, einfach deshalb – das soll noch einmal betont werden –, weil er viel leichter dazu in der Lage ist, die dafür erforderlichen Nachweise zu schaffen als außenstehende Dritte. Gerade bei der Eigentumsvermutung des § 1362 I 1 BGB und der sie für die Einzelzwangsvollstreckung folgerichtig ergänzenden Fiktion des § 739 ZPO handelt es sich deshalb um einen unumgänglichen Gläubigerschutz und nicht um eine einseitige Gläubigerbevorzugung[282]. Andererseits würden die Gläubiger, wollte man ihnen diesen Schutz vorenthalten, wesentlich schwerwiegender betroffen als durch die Nichtigkeitserklärung des § 45 KO, weil diesen Regelungen für die Einzelzwangsvollstreckung und für den Konkurs ein wesentlich größeres Gewicht zukommt, als das bei der Aussonderungsbestimmung des § 45 KO der Fall war. Es ist deshalb zu hoffen, daß die sich in der Entscheidung des BVerfG zu § 45 KO andeutende Wertung auf § 45 KO beschränkt bleibt. Eine andere Entwicklung würde sich auch nicht mit den in der Entscheidung ausdrücklich zitierten Grundsätzen der bisherigen Rechtsprechung des BVerfG vereinbaren lassen[283].

---

280 Vgl. zuletzt FamRZ 1968, 439. Wenn Bosch in den Jubelruf ausbricht, mit dieser Entscheidung sei das BVerfG nach 12 Jahren endlich der Stimme der Rechtswissenschaft gefolgt, übersieht er, daß die vor der Entscheidung in der Literatur gegen § 45 KO vorgetragenen Bedenken überwiegend auf einer unrichtigen Interpretation der Bestimmung beruhten.

281 Bedenken gegen die Vereinbarkeit der §§ 1362 I 1 BGB/739 ZPO mit dem geltenden Güterrechtssystem äußert auch Gernhuber. Vgl. LB § 22 II 9; ähnlich Baur, FamRZ 1958, 252 ff. (254 sub I 2 c); Boennecke, NJW 1959, 1260 f.; und vor Einführung des Gleichberechtigungsgesetzes Dölle, JZ 1953, 353 ff. (358 sub II 2 c) sowie Esser, JZ 1953, 521 ff. (524 sub III 1).

282 Ebenso vor allem Reinicke, Betr. 1965, 961 ff.

283 Vgl. FNen 268 und 269

§ 6 Die durch die Gesamthandsbindung der Ehegatten begründeten Besonderheiten

I. Vorbemerkung

Die bisherigen Untersuchungen waren, obwohl sie Regelungen betrafen, die in ihrer Gültigkeit grundsätzlich unabhängig sind von dem Güterstand, in dem die Ehegatten leben, wesentlich an dem Güterstand der Gütertrennung orientiert; das hat seinen Grund darin, daß bei diesem Güterstand die Trennung der Vermögensmassen der beiden Ehegatten am konsequentesten durchgeführt ist, mithin die Ehegatten trotz aller Einwirkungen durch das Band der ehelichen Lebensgemeinschaft unverheirateten Schuldnern am ähnlichsten sind. Der gesetzliche Güterstand der Zugewinngemeinschaft ist in Wahrheit ein Güterstand der Gütertrennung mit einem späteren Zugewinnausgleich. Daraus folgt, daß sich für diesen Güterstand gegenüber der im vorhergehenden dargestellten Rechtslage grundsätzlich keine Unterschiede ergeben. Die wenigen Besonderheiten, die für den gesetzlichen Güterstand beachtet werden müssen, sind mit Rücksicht auf den sachlichen Zusammenhang bereits im vorhergehenden mitbehandelt worden.

Für den Güterstand der Gütergemeinschaft müssen gegenüber der für den Güterstand der Gütertrennung und den gesetzlichen Güterstand der Zugewinngemeinschaft geltenden Regelung notwendig Unterschiede aus der sein Wesen begründenden Gesamthandsbindung der Ehegatten erwachsen. Die sich hieraus ergebenden Besonderheiten sollen im folgenden noch kurz dargestellt werden.

II. Der Konkurs des Alleinverwalters

Im Konkurs des Alleinverwalters nach § 2 I KO hat der Ehegatte des Gemeinschuldners die gleiche aussonderungsrechtliche Stellung inne, die der Ehefrau nach dem alten Recht bei allgemeiner Gütergemeinschaft im Konkurs des Mannes zukam. Da das Gesamtgut als Ganzes, mithin auch der Anteil des nicht verwaltenden Ehegatten zur Konkursmasse gehört, kann für eine Aussonderung allein das Sonder- und das Vorbehaltsgut des nicht verwaltenden Ehegatten in Betracht kommen. Der dem nicht verwaltenden Ehegatten nach § 1447 Nr. 3 BGB grundsätzlich zustehende Auseinandersetzungsanspruch vermag insoweit nach Eröffnung des Konkurses keinen Ausgleich herbeiführen, weil ein nach Konkurseröffnung rechtskräftig werdendes Aufhebungsurteil die Konkursmasse nicht mehr abzuändern, mithin auch das Aussonderungsrecht des Ehegatten nicht zu erweitern vermag; ein solches

Urteil bleibt in seiner Wirkung auf den beschlagfreien Neuerwerb beschränkt. Im übrigen ergibt sich für den Aussonderungstatbestand folgende Veränderung: Neben die allgemeine Eigentumsvermutung des § 1362 BGB tritt die aus § 1416 BGB ableitbare Vermutung für die Zugehörigkeit zum Gesamtgut und damit zur Konkursmasse. Der Ehegatte des Gemeinschuldners muß also, wenn er Gegenstände aussondern will, die gegen sein Eigentum sprechenden Vermutungen der §§ 1362, 1416 BGB ausräumen.

III. Der Konkurs des nichtverwaltenden Ehegatten

Vom Konkursverfahren über das Vermögen des nichtverwaltenden Ehegatten wird nach § 2 I 2 KO das Gesamtgut nicht berührt. Die Masse umfaßt also nur das Eigenvermögen des Ehegatten, nicht aber dessen nach § 860 I ZPO unpfändbaren Anteil am Gesamtgut. Andererseits bleibt das von dem Konkurs nicht betroffene Gesamtgut während der Dauer des Konkursverfahrens weiterhin dem Zugriff der Konkursgläubiger ausgesetzt, soweit diese nicht nur nach § 1437 II BGB aus dem Vorbehalts- und Sondergut des Alleinverwalters, sondern nach § 1437 I BGB auch aus dem Gesamtgut Befriedigung verlangen können. Der Alleinverwalter kann neben seinem Eigenvermögen auch das Gesamtgut aussondern. Soweit der Alleinverwalter die Aussonderung vom Gesamtgut begehrt, macht er neben seiner eigenen Gesamthandsberechtigung an dem fraglichen Gegenstand auch die des Gemeinschuldners im eigenen Namen geltend (§§ 2 I 2 KO i.V.m. § 1422 BGB)[284].

IV. Der Konkurs bei gemeinschaftlicher Verwaltung

1. Verwalten die Ehegatten das Gesamtgut gemeinschaftlich, so wird von dem Konkurs über das Vermögen eines Ehegatten nach § 2 II 1 KO nur dessen Sonder- und Vorbehaltsgut betroffen; das Gesamtgut bleibt von dem Konkursverfahren unberührt. Dementsprechend ist nicht nur das Eigenvermögen des Ehegatten des Gemeinschuldners, sondern auch das Gesamtgut aussonderungsfähig. Anders als bei dem Konkurs des nichtverwaltenden Ehegatten kann aber hier das Aussonderungsrecht hinsichtlich des Gesamtgutes nicht von dem Ehegatten des Gemeinschuldners allein geltend gemacht werden. Aufgrund der gesamthänderischen Verbundenheit sind nur beide Ehegatten zusammen sachlegitimiert; eine Prozeßstandschaft für den nicht in Konkurs gefallenen Ehegatten wird in § 1450 BGB ausdrücklich verneint. Andererseits liegt auch keiner der in § 1455 BGB genannten Ausnahmefälle vor; die Voraussetzungen der Bestimmung des § 1455 Nr. 9 BGB sind deshalb nicht erfüllt, weil es sich bei der Inanspruchnahme des Gesamtgutes zur

284 Vgl. dazu ausführlich Menz S. 202 ff. mit weiteren Nachweisen.

Konkursmasse nicht um eine Maßnahme der Zwangsvollstreckung, sondern um eine Maßnahme der Konkursverwaltung handelt. Daß die Möglichkeit einer rechtsgeschäftlichen Bevollmächtigung des einen Ehegatten durch den anderen zur Geltendmachung des Aussonderungsrechts davon unberührt bleibt, bedarf keiner näheren Begründung[285].

2. Wird zur Befriedigung der Gläubiger von Gesamtgutsverbindlichkeiten nach § 2 II 2 KO über das gemeinschaftlich verwaltete Gesamtgut ein selbständiger Konkurs eröffnet, dann kann jeder Ehegatte sein von dem Konkursbeschlag nicht erfaßtes Vorbehalts- und Sondergut aussondern. Gegen die Bejahung des Aussonderungsrechts können sich insbesondere keine Bedenken aus dem Begriff der Aussonderung ergeben, die sich nach § 43 KO nur auf „dem Gemeinschuldner nicht gehörende Gegenstände" bezieht. Zwar ist für den hier fraglichen Sonderkonkurs grundsätzlich jeder Ehegatte gemeinschaftlich mit dem anderen Ehegatten Gemeinschuldner[286]. Der Aussonderungsbegriff ist aber erkennbar auf den Regelfall des § 1 KO bezogen, in dem das ganze Vermögen mit dem Massevermögen des Gemeinschuldners identisch ist. Das ist bei dem Sonderkonkurs nach § 2 II KO nicht der Fall; hier entstehen in der Hand jedes Ehegatten zwei selbständige Vermögensmassen: die in die Masse fallende Beteiligung am Gesamtgut und das von dem Konkurs nicht betroffene Eigenvermögen. Dementsprechend kann aber der Ehegatte als Rechtsträger seines Eigenvermögens nicht als Gemeinschuldner angesehen werden; insoweit steht er vielmehr jedem Dritten gleich. Soweit er daher die Massezugehörigkeit nicht aus Gründen, die sich aus § 1 KO ergeben, sondern deshalb verneint, weil es sich um Gegenstände seines Sonder- oder Vorbehaltsguts handelt, hinsichtlich deren er nicht als Gemeinschuldner zu gelten hat, bestehen insoweit gegen die Aussonderung keine Bedenken[287].

---

285 Ebenso Menz S. 204 f. mit weiteren Nachweisen.

286 So mit Recht Menz S. 205 im Anschluß an Baur FamRZ 1958, 252 ff. (259 sub III 2 b bb 5) und Schuler NJW 1958, 1609 ff. (1610 sub 2).

287 So mit Recht Menz S. 206; vgl. dort, S. 207 ff., auch zu der Frage, was zu gelten hat, wenn die Gütergemeinschaft im Zeitpunkt der Konkurseröffnung bereits aufgehoben, das Gesamtgut aber noch nicht nach §§ 1471 ff. BGB auseinandergesetzt ist.

SACHVERZEICHNIS

FSC
www.fsc.org
MIX
Papier | Fördert gute Waldnutzung
FSC® C083411

Kolibri 360 GmbH
Ferdinand-Jühlke-Straße 7
99095 Erfurt, Deutschland
produktsicherheit@kolibri360.de